WELT DER ZAHL 1

Herausgegeben von
Prof. Dr. Hans-Dieter Rinkens
Dr. Thomas Rottmann
Gerhild Träger

Erarbeitet von
Steffen Dingemans, Jörg Franks, Claudia Neuburg, Kerstin Peiker,
Prof. Dr. Andrea Peter-Koop, Prof. Dr. Hans-Dieter Rinkens,
Dr. Thomas Rottmann, Michaela Schmitz, Gerhild Träger

Die Länderausgabe wurde erarbeitet von
Julia Braun, Grünwettersbach • Prof. Dr. Andreas Kittel,
Weingarten • Sabine Stix, Schwäbisch Gmünd •
Melanie Szymanski, Baden-Baden • Dorothea Ziegler, Aidlingen

Schroedel
westermann

Inhaltsverzeichnis

Prozessbezogene Kompetenzen

K Kommunizieren; A Argumentieren; P Problemlösen; M Modellieren; D Darstellen

Unsere Zahlen

5

Immer 5 Dinge (Stifte, Punkte, ...) einkreisen.
Zahlen auf das Plakat an der Tafel schreiben.

1 2 3 4 5

6 7 8 9 10

Immer 5 Dinge einkreisen.

Zahl und Zahlenbild verbinden. Passende Anzahl von Blumen malen.

Zahl und Zahlenbild verbinden. Passende Anzahl von Blumen malen.

1

1, 2, 3

2

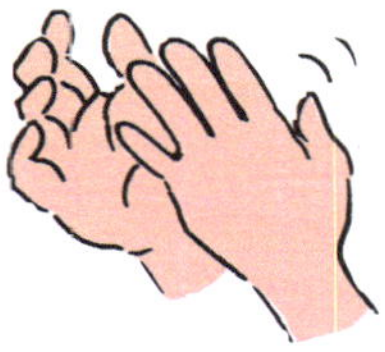

3

4

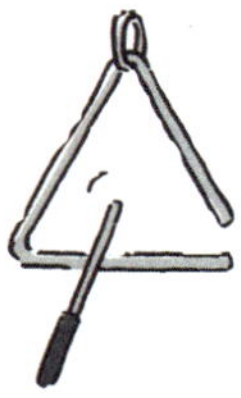

5

6

1 – 4 Töne zählen, so viele Punkte oder Striche zeichnen oder Zahl schreiben.
5 – 6 Anzahlen von Dingen im Fühlsäckchen / von Knoten im Seil bestimmen.

1

2

3

eins   zwei

1 – **2** Beginn des Ziffernschreibkurses. **3** Zahlenplakate gestalten (Zahlenplakat zur 2 im Buch). Lerntagebuch „Mein Zahlenheft" anlegen (KV auf digitalen Lehrermaterialien (DVD) oder als Download).

1

2

3				

3			
3			

4				

4			

3

4

drei   vier

3 Anzahlen bestimmen (Punktebilder, Knoten, etc.).

4 Ziffern schreiben oder kneten.

1

fünf

2 Kreuze 5 an.

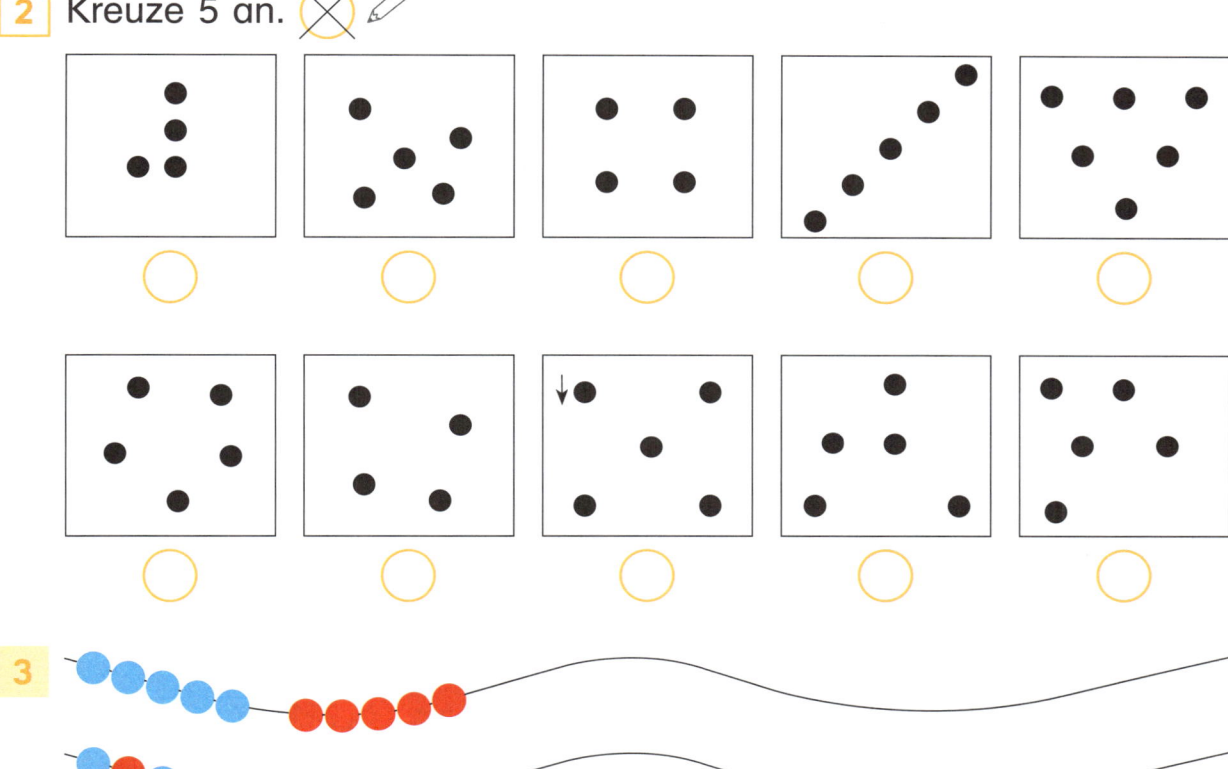

3

4 **Blitz-Sehen**
(Partnerspiel)

Ein Kind legt verdeckt
bis zu 5 Plättchen,
dann hebt es den
Karton kurz hoch.
Der Partner nennt
die Anzahl.

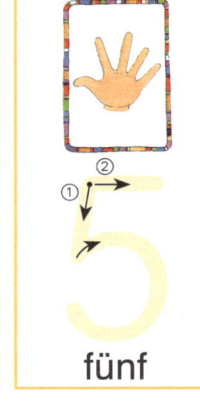

fünf

1 Zahlenplakat zur 5 gestalten. **3** Immer 5 Perlen im passenden Muster weiter malen.
4 Anzahlen bis 5 schnell erkennen.

1

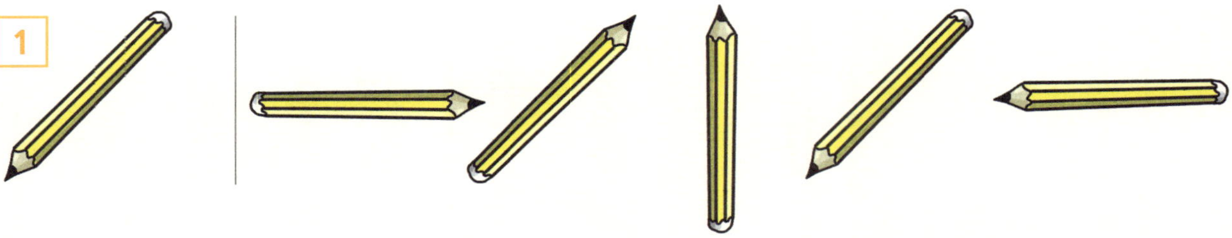

2

3

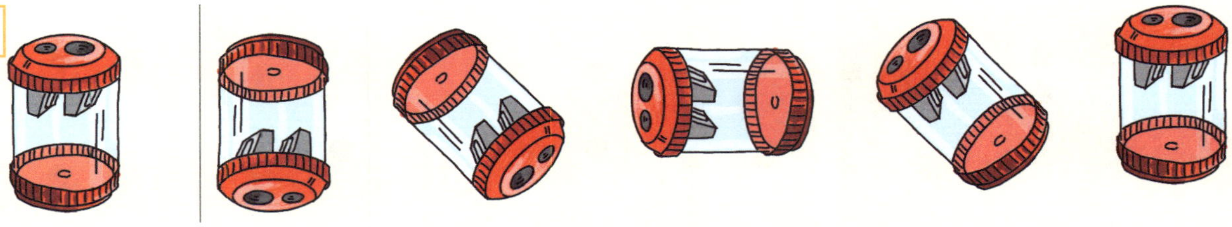

4

5

1 – 3 Wahrnehmung Raum – Lage: Nur eine Lage ist richtig. Lage einkreisen.
4 – 5 Wahrnehmung Figur-Grund-Diskriminierung: Formen und Ziffern erkennen und färben.

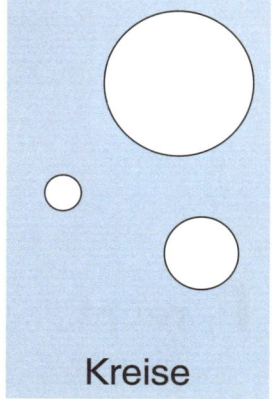

Kreise

1

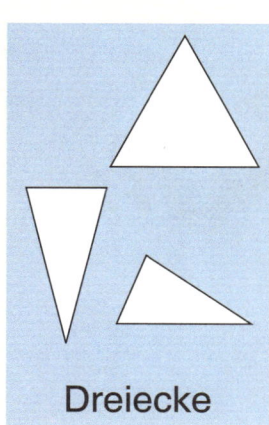

Dreiecke

2

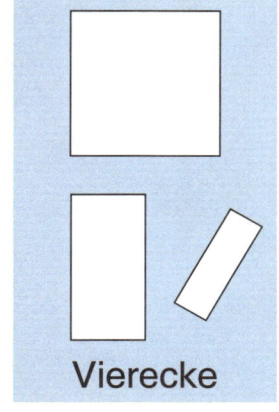

Vierecke

3

4 Zeichne eigene Formen.

Wortspeicher nutzen. **1** – **3** Was passt nicht? Durchstreichen.
4 Geometrische Formen im Klassenzimmer suchen und zeichnen.

l **links**

r **rechts**

1

2

3 4 5

6
sechs

Wortspeicher nutzen. 1 – 2 Die passende Hand färben (links: lila, rechts: rot).
3 – 5 Linke Hand lila, rechte Hand rot färben.

Mia

1

2

3

sieben

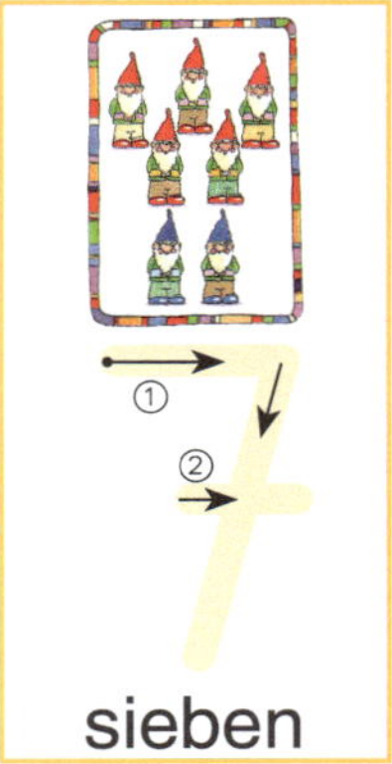

1 – 2 Was sieht Mia links, was sieht sie rechts? Die passende Hand färben (links: lila, rechts: rot). **3** Vorhänge, Blume und Busch auf der richtigen Seite in das Bild malen. Nach dieser Seite empfiehlt sich Diagnosetest D1.

15

16

1

2

3

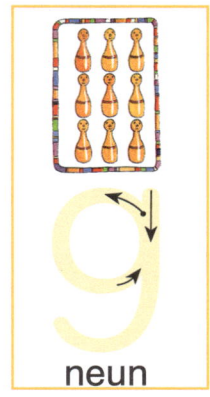

neun

1 Zahlen in der Umwelt finden. 2 Meine Zahlen eintragen (Kopiervorlage für „Mein Zahlenheft" auf digitalen Lehrermaterialien (DVD) oder als Download). 3 Eigene Zahlen eintragen.

1

> **Partnerarbeit**
>
> Ein Kind legt Plättchen in die Rechenschiffe. Der Partner nennt und schreibt die passende Zahl.

6,

2

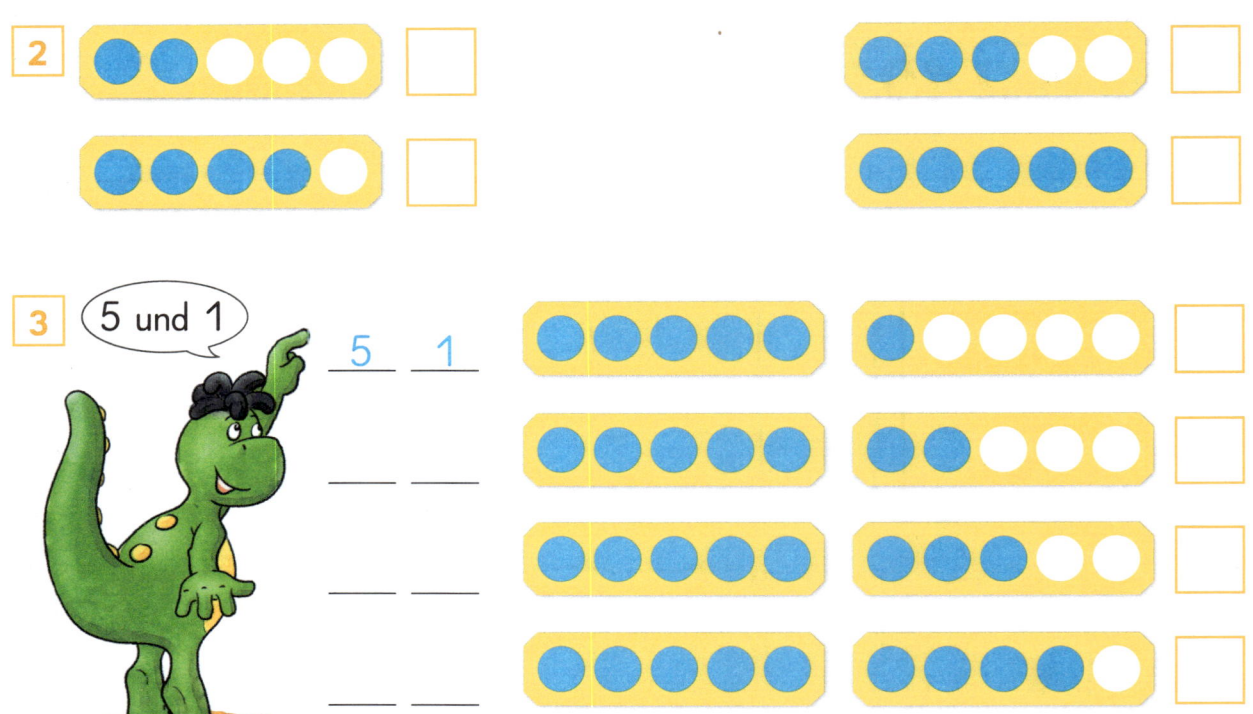

3

5 und 1

5 1

_____ _____

_____ _____

_____ _____

Die Null

4

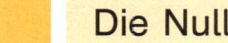     

_____ _____ _____ _____ _____

5

     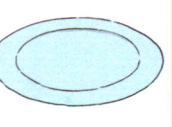

null

_____ _____ _____ _____ _____

2 Anzahlen eintragen. **3** Anzahlen eintragen. Kraft der 5 nutzen. **4** – **5** Rückwärtszählen bis zur Null.

1

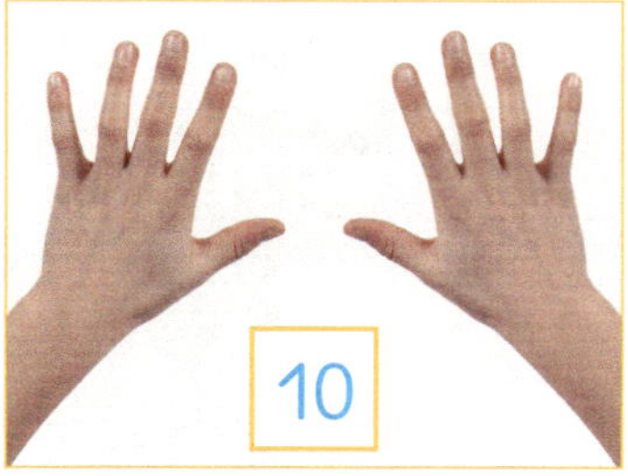

10

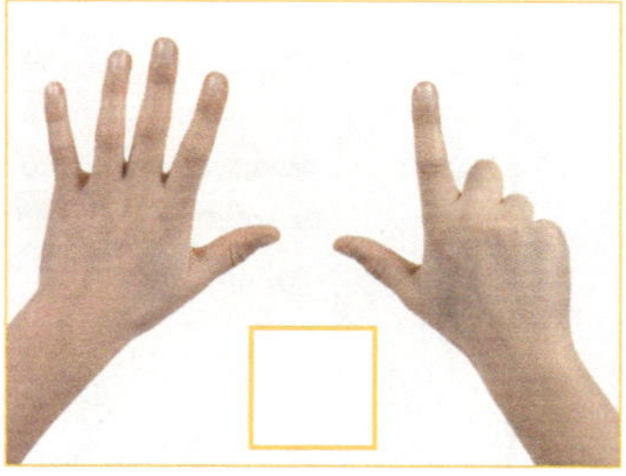

Kraft der 5

2

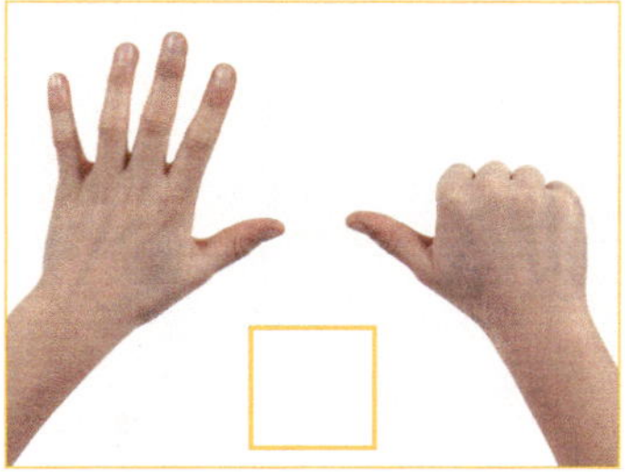

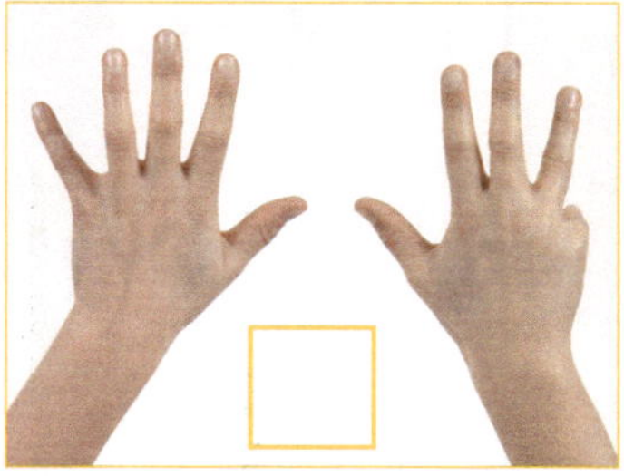

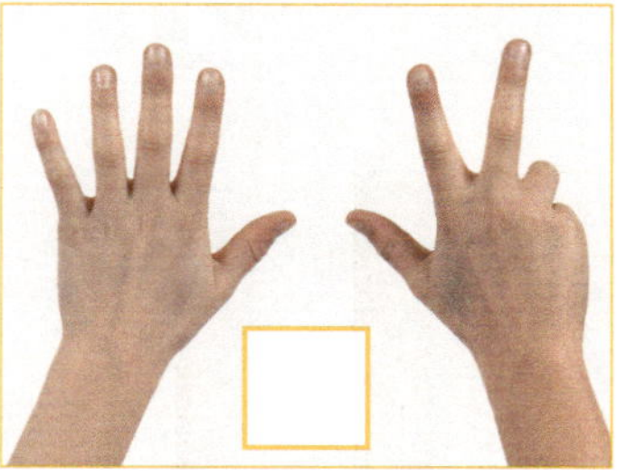

3

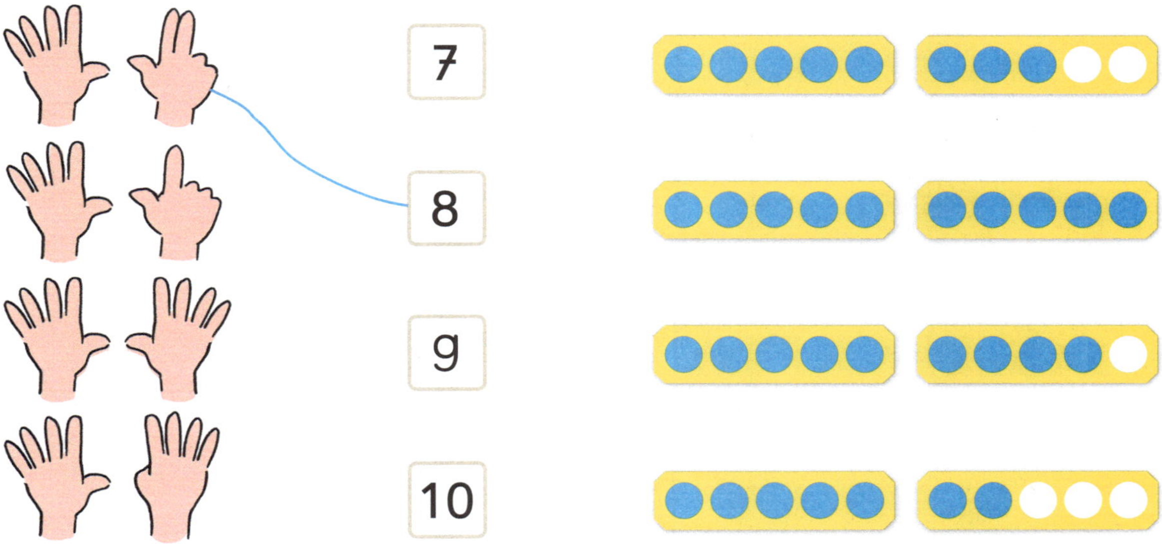

7

8

g

10

Die Zehn

4

10
zehn

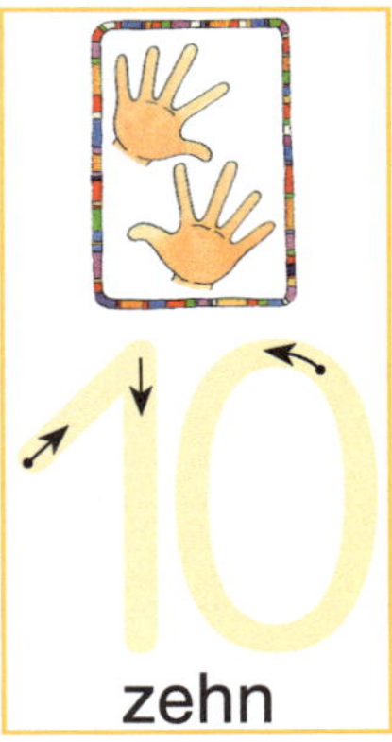

1 – **2** Anzahlen eintragen. Kraft der 5 nutzen. **3** Fingerzahlen und Rechenschiffe mit passender Zahlenkarte verbinden. **4** Zahlenplakat zur 10 gestalten. Nach dieser Seite empfiehlt sich Diagnosetest D2.

19

Kleiner, größer, gleich

!

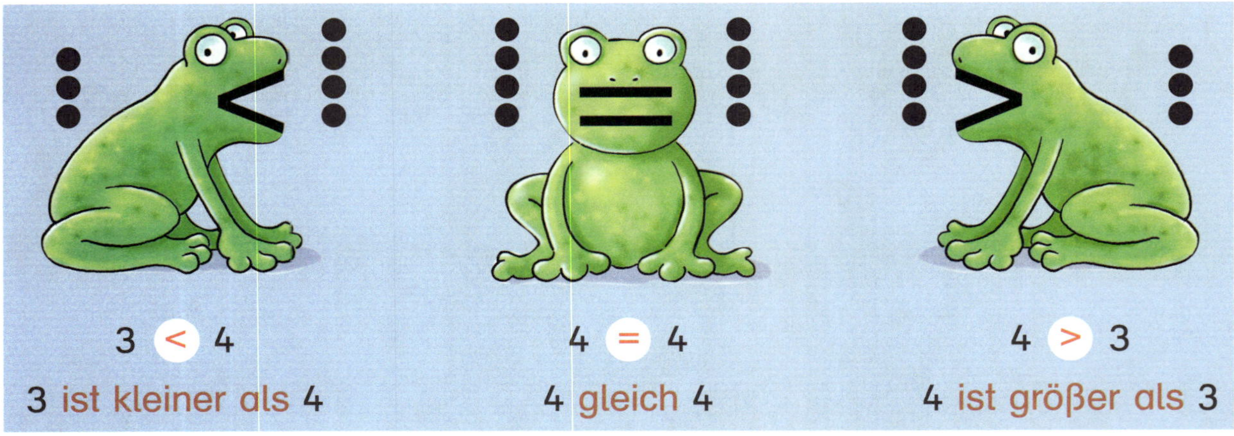

3 < 4
3 ist kleiner als 4
4 = 4
4 gleich 4
4 > 3
4 ist größer als 3

1

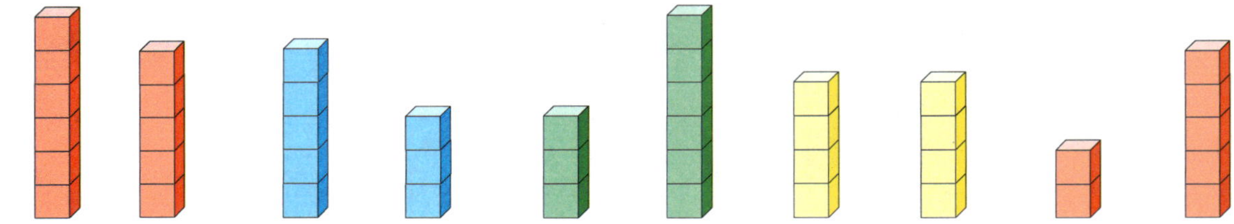

6 > 5

2

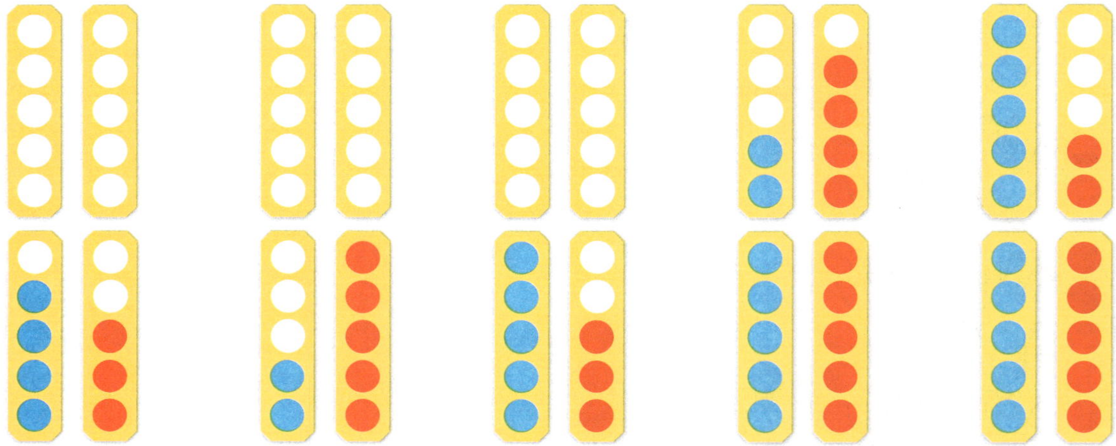

4 > 3

2 <

3

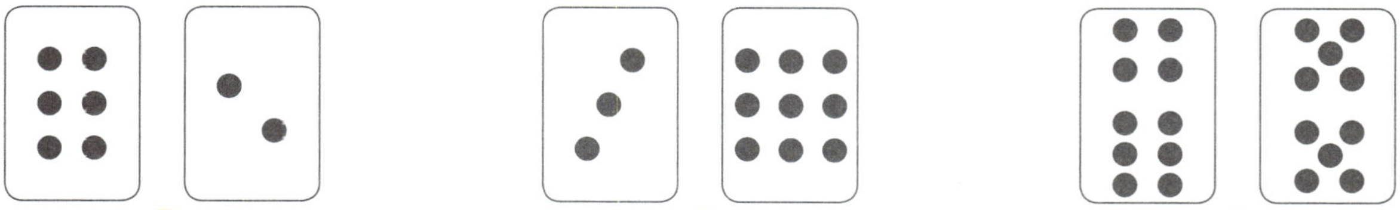

4

>

<

=

Wortspeicher nutzen. 1 – 3 Anzahlen vergleichen, Zahlen und Zeichen schreiben.
4 Zu vorgegebenem Zeichen Punktemengen zeichnen und Anzahlen angeben.

1

2

3

4

5

6

7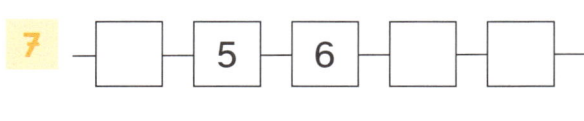

8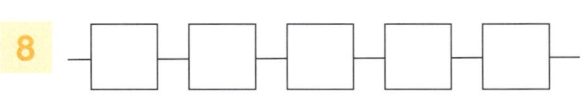

1 – **7** Die fehlenden Zahlen der Zahlenreihe eintragen. **8** Einen Ausschnitt der Zahlenreihe aufschreiben.
Nach dieser Seite empfiehlt sich Diagnosetest **D3**.

1

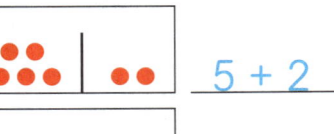 5 + 2

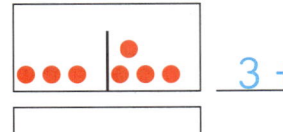 3 + ____

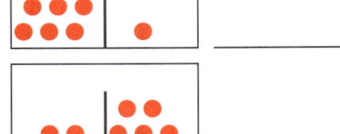 ____

2

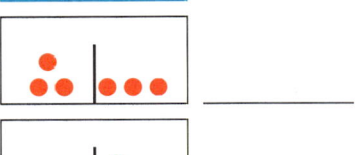 ____

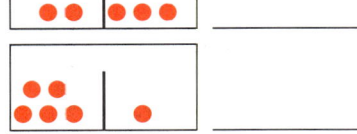 ____

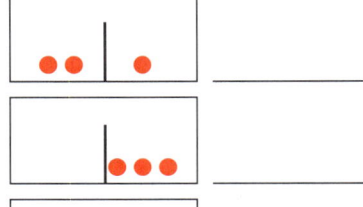 ____

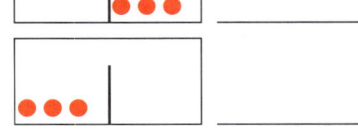 ____

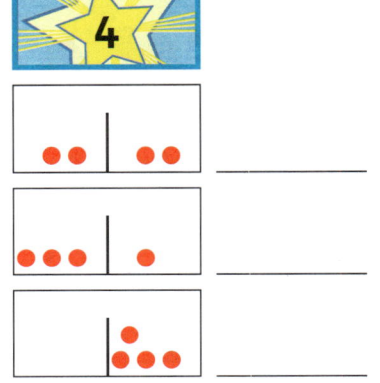 ____

____

____

3

5

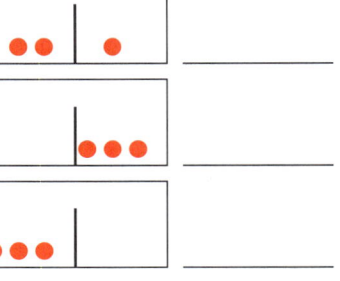 ____

____

____

6

 ____

____

____

7

 ____

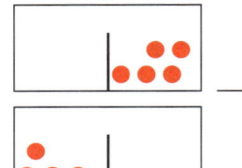 ____

 ____

4

8

 ____

____

____

9

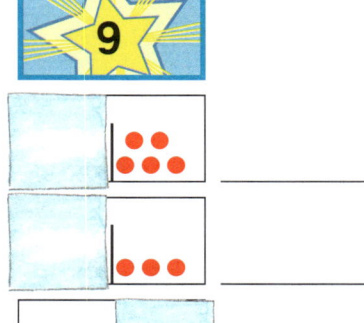 ____

____

____

10

 ____

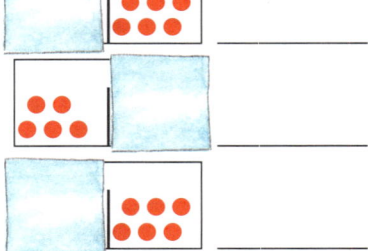 ____

____

1 – **2** Zahlzerlegung notieren. **3** Fehlende Punktemenge einzeichnen und Zahlzerlegung notieren.
4 Wie viele Punkte sind verdeckt? Zahlzerlegung notieren.

Schüttelbox und Zahlzerlegung

1

5

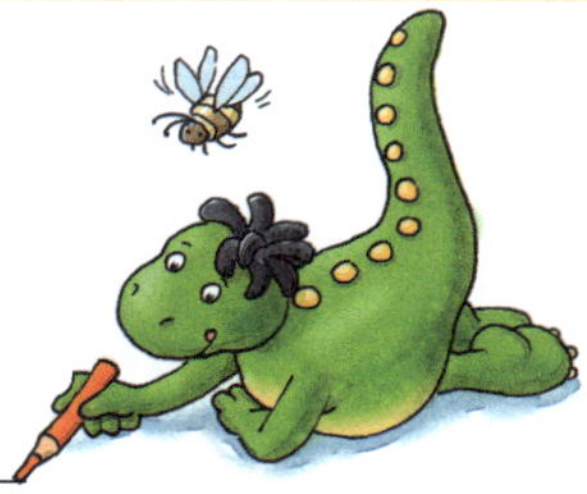

4

10

9

8

2

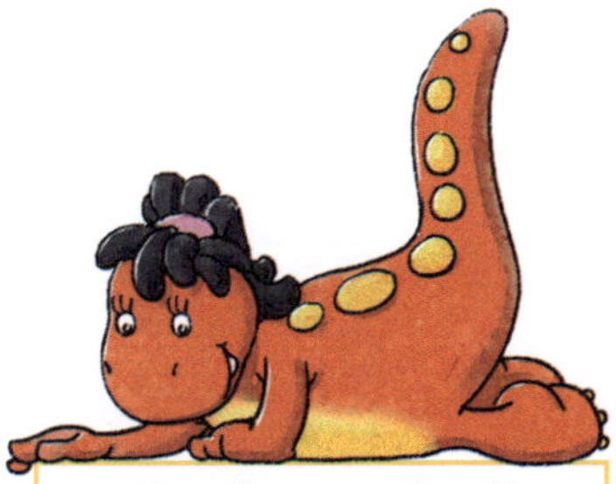

Partnerarbeit

Ein Kind nimmt 5 Perlen und versteckt davon einige Perlen in der Hand hinter dem Rücken.
Die übrigen Perlen zeigt es dem Partner.
Wie viele Perlen sind versteckt?

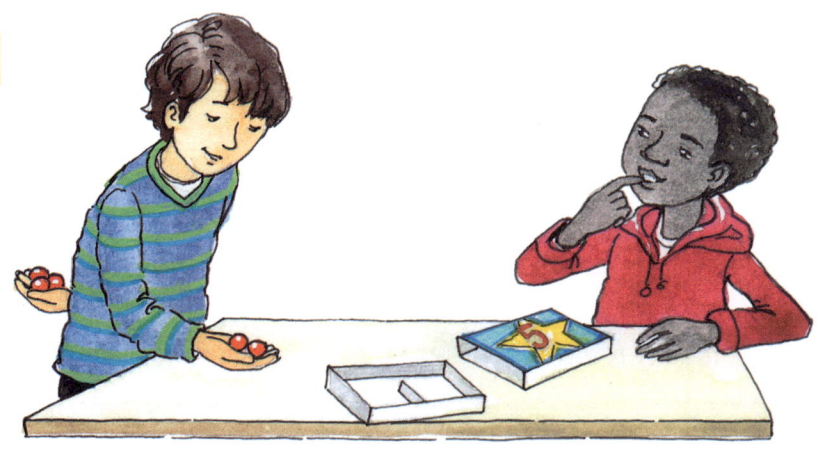

1 Punkte einzeichnen und Zahlzerlegungen dazu notieren.

1 | 10 | 10 | 10

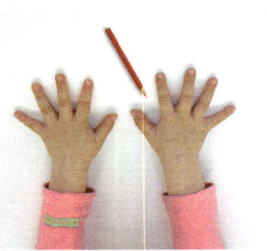 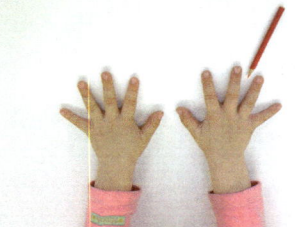 

___6 + 4___   _____   _____

2 | 10 | 10 | 10

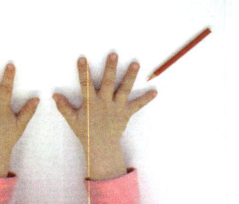  

_____   _____   _____

3 | 10 | 10 | 10

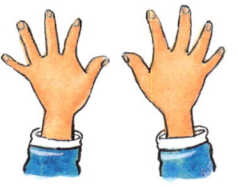 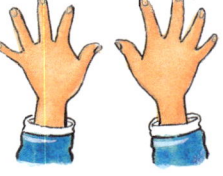 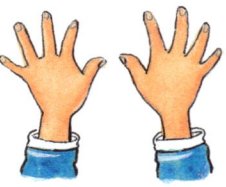

_____   _____   _____

4 | 10 | 10 | 10

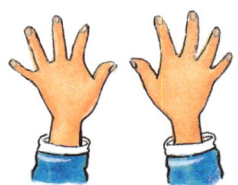 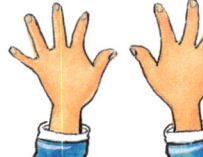 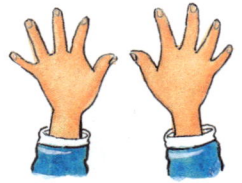

_____   _____   _____

1 – **2** Zerlegung zum Bild schreiben.   **3** – **4** Stift einzeichnen und Zerlegung dazu schreiben.

1

0 + 4

1 + 3

2 + 2

_____

_____

2

0 + 10   0 + 5

1 + 9   1 +

2 + 8   _____

3 + 7   _____

4 + 6   _____

5 + 5

6 + 4

7 + 3

8 + 2

9 + 1

10 + 0

1 Zahlenfreunde ergänzen. **2** Plättchen einzeichnen und Zerlegungen aufschreiben.
Nach dieser Seite empfiehlt sich Diagnosetest  D4.

Addieren

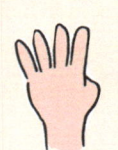 

Wie viele sind es zusammen?

$$4 + 3 = 7$$

vier plus drei gleich sieben

2

$$3 + 2 = 5$$

Wortspeicher nutzen. **2** Eigene Beispiele zur Aufgabe 3 + 2 = 5 finden.

Wie viele sind es zusammen?

1

3 + 2 = _____   _____   _____

2

_____   _____   _____

3

_____   _____   _____

4

4 + 3 = _____   _____   _____

5

_____   _____   _____

6

_____   _____   _____

1 – **3** Nachspielen, Plus-Aufgabe schreiben.   **4** – **6** Plus-Aufgabe schreiben.

1

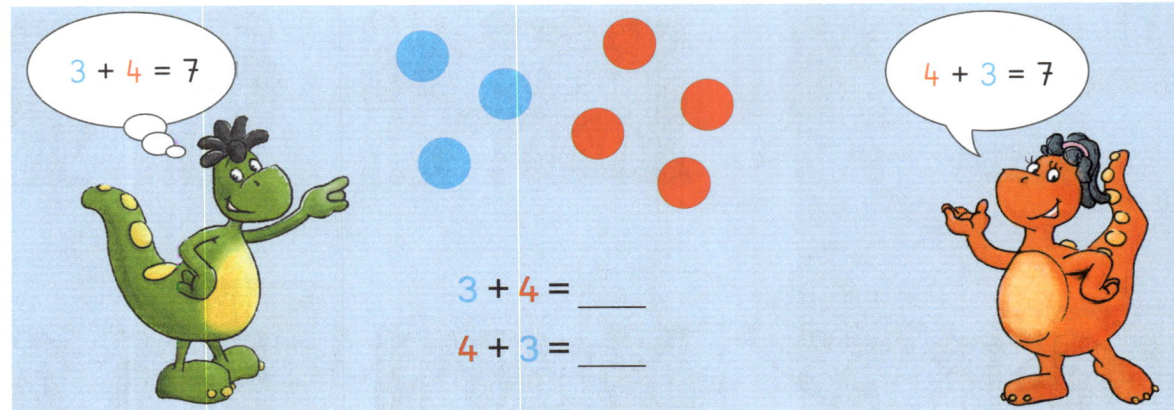

$$3 + 4 = \_\_\_$$
$$4 + 3 = \_\_\_$$

2

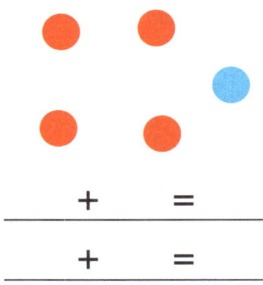

$$3 + 2 = \_\_\_$$
$$2 + 3 = \_\_\_$$

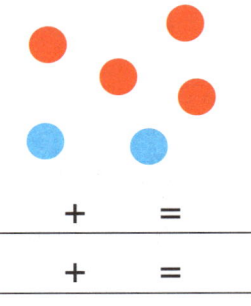

$$\_\_\_ + \_\_\_ = \_\_\_$$
$$\_\_\_ + \_\_\_ = \_\_\_$$

$$\_\_\_ + \_\_\_ = \_\_\_$$
$$\_\_\_ + \_\_\_ = \_\_\_$$

3

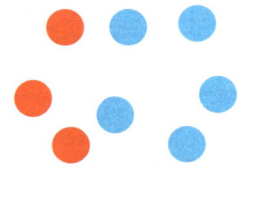

4

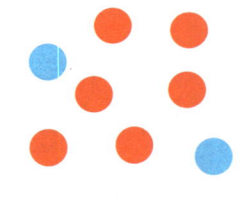

5

6

Wortspeicher nutzen.　**1** – **5** Aufgabe und Tauschaufgabe schreiben.
6 Eigene Aufgabe malen, Aufgabe und Tauschaufgabe schreiben.

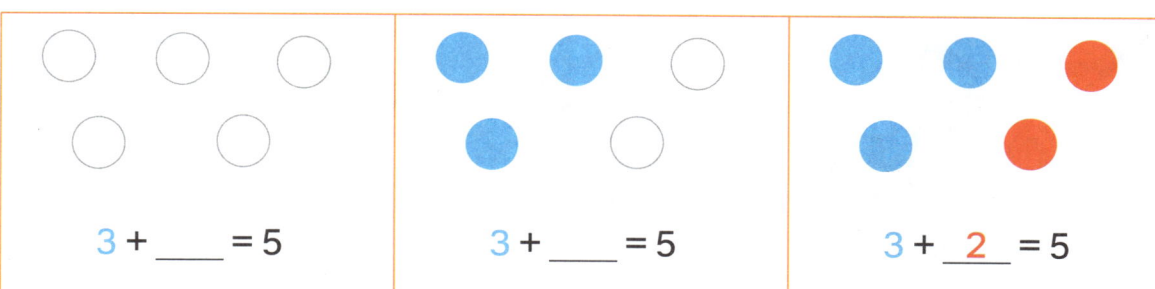

$3 +$ ___ $= 5$ $3 +$ ___ $= 5$ $3 +$ _2_ $= 5$

1

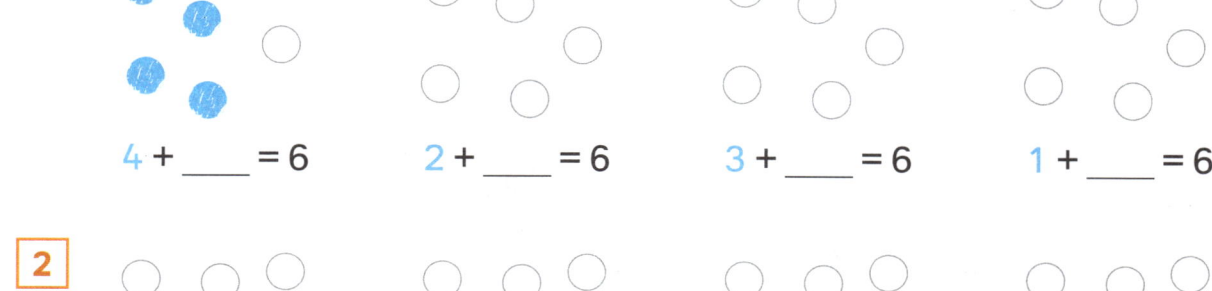

$4 +$ ___ $= 6$ $2 +$ ___ $= 6$ $3 +$ ___ $= 6$ $1 +$ ___ $= 6$

2

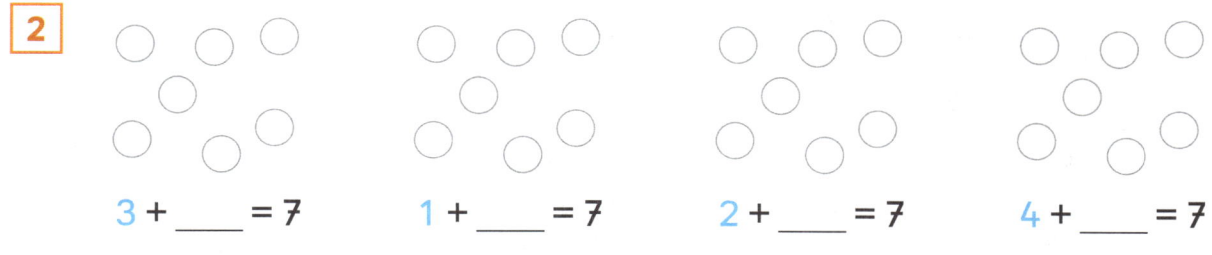

$3 +$ ___ $= 7$ $1 +$ ___ $= 7$ $2 +$ ___ $= 7$ $4 +$ ___ $= 7$

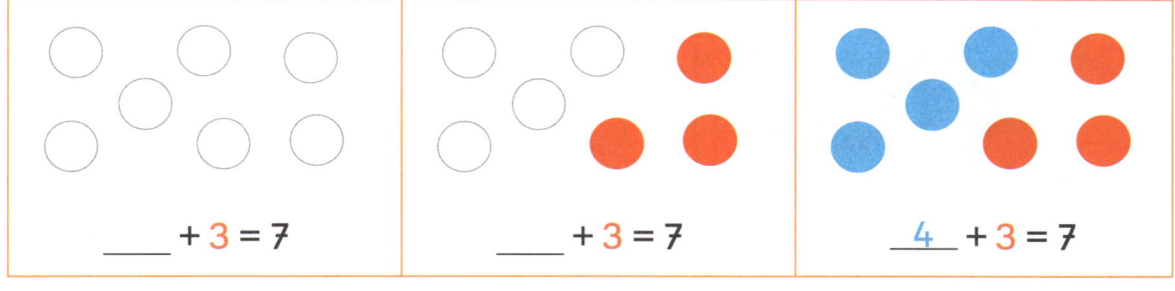

___ $+ 3 = 7$ ___ $+ 3 = 7$ _4_ $+ 3 = 7$

3

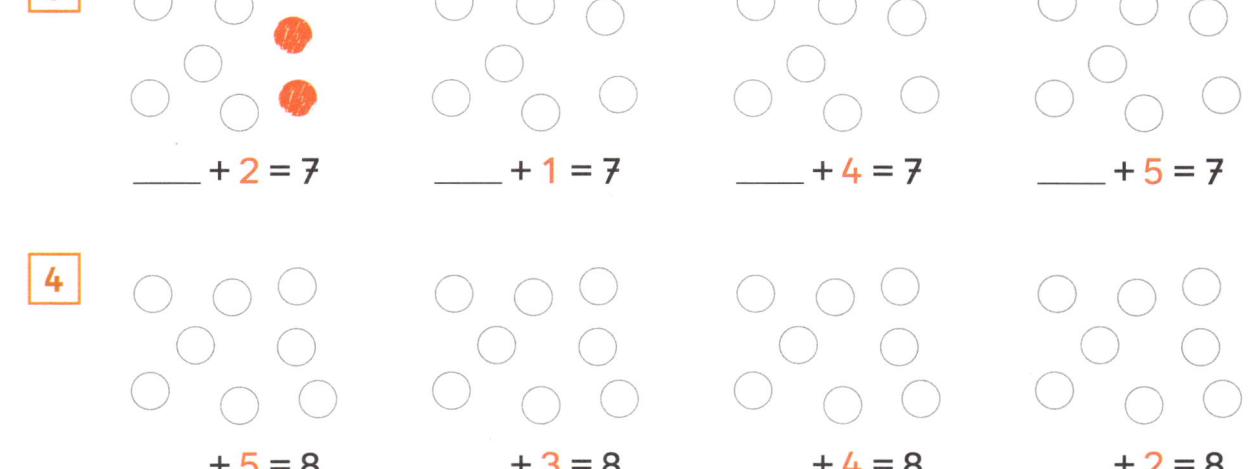

___ $+ 2 = 7$ ___ $+ 1 = 7$ ___ $+ 4 = 7$ ___ $+ 5 = 7$

4

___ $+ 5 = 8$ ___ $+ 3 = 8$ ___ $+ 4 = 8$ ___ $+ 2 = 8$

vorher ___4___

$4 + 3 =$ _____

nachher _____

_____ $+$ _____ $=$ _____

_____

_____

_____

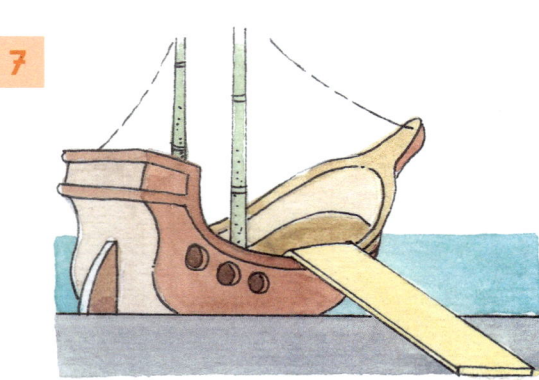

_____

_____

30

1 Nachspielen, dabei Zahlen ändern. **2** – **6** Plus-Aufgabe schreiben. **7** Eigene Plus-Aufgabe malen oder erzählen. Plus-Aufgabe schreiben.

Addieren mit Rechenschiffen

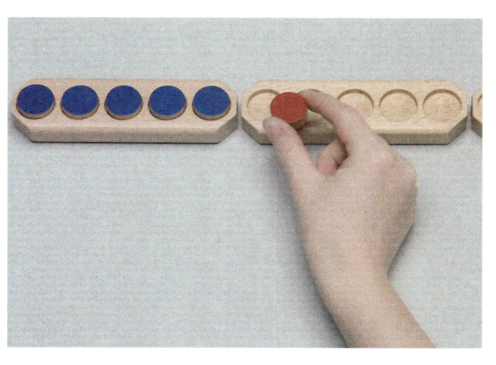

1

5 + 1 = ___

2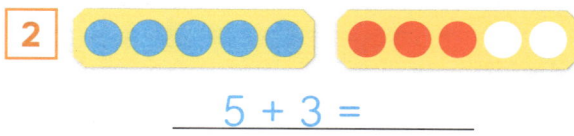

5 + 3 = ___

3

_____   _____

4

_____   _____

5

_____   _____

6

_____   _____

7

_____

Plus-Aufgaben mit allen Sinnen

8

_____

9

_____

7 Eigene Aufgaben erfinden.

4 + 2 = _____

Zu jedem Bild eine Plus-Geschichte erzählen und die Plus-Aufgabe schreiben.

Wo sind die Plus-Geschichten zu sehen? Ein Bild zeichnen und die Plus-Aufgabe schreiben.

Kreative Aufgaben: Zahlenmauern

Ich rechne 3 + 2.

Das Ergebnis ist 5.

5

3 2

1

| 7 | 2 |

| 1 | 6 |

| 2 | 7 |

| 4 | 5 |

2

| 9 | 1 |

| 8 | 0 |

| 4 | 2 |

| 0 | 10 |

3

4

5
2

9
1

6
0

8
7

5

7
   2

7
   7

7
   1

7
   4

6

8

8

8

8

Zahlenmauern: Benachbarte Zahlen addieren. Das Ergebnis in die Mitte darüber schreiben.
3 Eigene Zahlenmauern erfinden. **4** – **5** Wie heißt der fehlende Stein? **6** Verschiedene Zahlenmauern finden.

1

_____ _____ _____

2

_____

_____

3

$\underline{\hspace{2cm}} + 5 = 8$

4

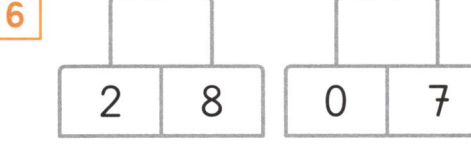

$4 + 2 = \underline{\hspace{1cm}}$

$4 + 3 = \underline{\hspace{1cm}}$

$4 + 4 = \underline{\hspace{1cm}}$

$4 + 5 = \underline{\hspace{1cm}}$

$4 + 6 = \underline{\hspace{1cm}}$

5

 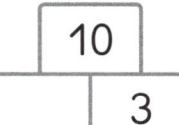

5

$0 + \underline{\hspace{1cm}} = 5$ _____

$1 + \underline{\hspace{1cm}} = \underline{\hspace{1cm}}$ _____

_____ _____

6

| | 2 | 8 | | | 0 | 7 |

7

| | 6 | | | 10 | |
| 1 | | | | | 3 |

8

9

1 – 7 Aufgaben lösen. Dann ankreuzen: War es leicht oder schwer? 8 Eigene leichte Aufgaben schreiben.
9 Eigene schwere Aufgaben schreiben. Nach dieser Seite empfiehlt sich Diagnosetest D5.

35

Subtrahieren

1

vorher 5   nachher 2

Wie viele bleiben übrig?

5 – 3 = 2

fünf minus drei gleich zwei

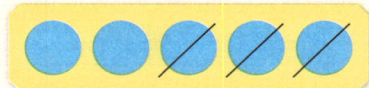

2

6 – 2 = 4

Wortspeicher nutzen.   **2** Beispiele zur Aufgabe 6 – 2 = 4 finden.

Minus-Geschichten

1

vorher _____   nachher _____

$$5 - 3 = \underline{\quad\quad}$$

1. He ho, fünf Piraten,
   he ho, fünf Piraten,
   he ho, fünf Piraten,
   wollen in die Ferne.

2. He, drei geh'n von Bord,
   he, drei geh'n von Bord,
   he, drei geh'n von Bord,
   woll'n nicht mehr in die Ferne.

3. He, sie sind noch zweie,
   he, sie sind noch zweie,
   he, sie sind noch zweie,
   fünf **minus** drei gleich zwei.

2

vorher _____   ___ – ___ = ___

3

vorher _____   _____

4

vorher _____   _____

5

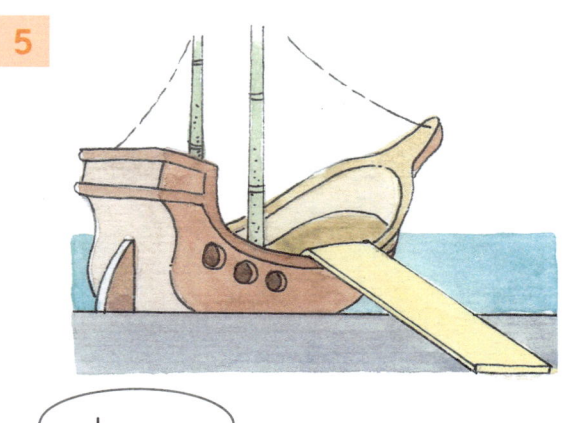

vorher _____   _____

1 Nachspielen, dabei Zahlen ändern.   **2 – 4** Minus-Aufgabe schreiben.
5 Eigene Minus-Aufgabe malen oder erzählen. Minus-Aufgabe schreiben.

1

vorher _____ _____ – ____ = _____

2

vorher _____ _____

3

vorher _____ _____

4

vorher _____ _____

5

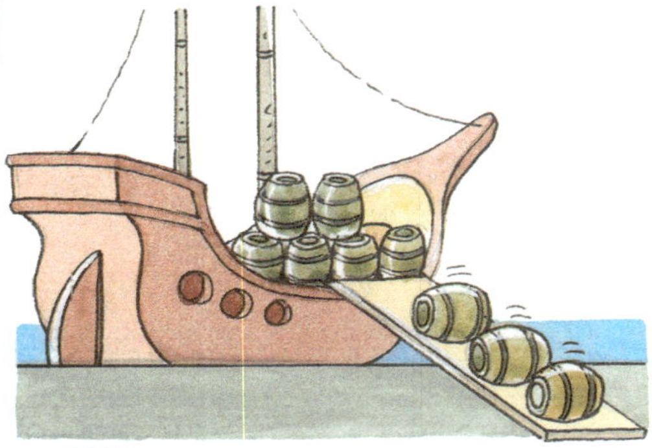

vorher _____ _____

6

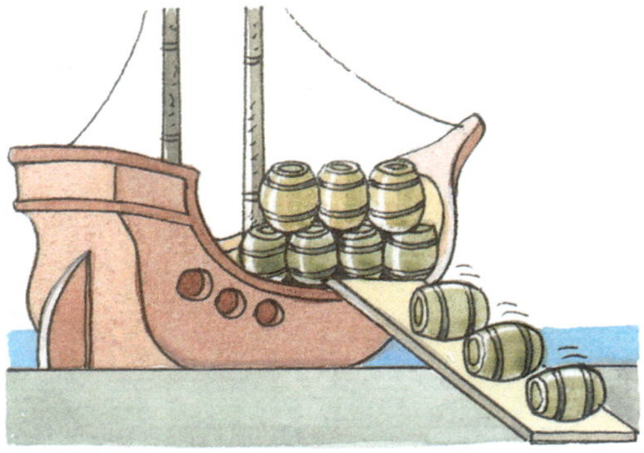

vorher _____ _____

7

vorher _____ _____

8

vorher _____ _____

1 – **8** Minus-Geschichte erzählen, dann Minus-Aufgabe schreiben.

1

2

vorher _____ _____ – _____ = _____   _____ – _____ = _____

3

4

5

_____   _____   _____

6

7

8

_____   _____   _____

9

10

vorher _8_ _8 – 5 =_ _____   vorher _____ _____ – _____ = _____

1 – 8 Minus-Geschichte erzählen, dann Minus-Aufgabe schreiben.
9 – 10 Minus-Geschichte erfinden, dann Minus-Aufgabe schreiben.

1

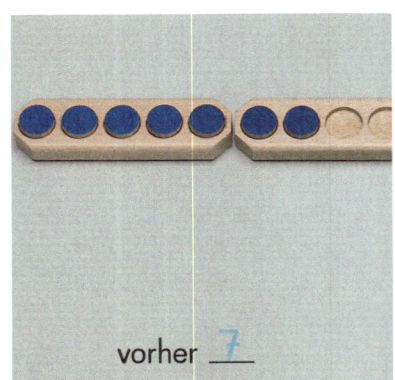 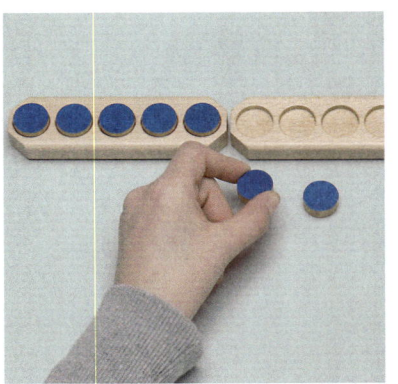 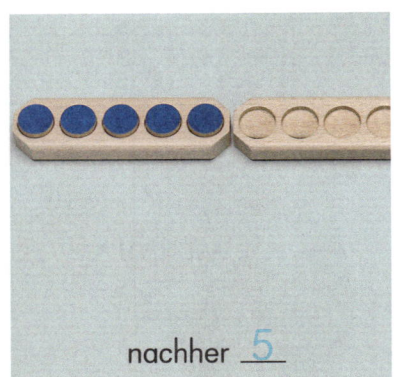

vorher __7__   nachher __5__

$7 - 2 =$ _____

2

__9 - 4 =__   __8 - 3 =__

3

__6 - 5 =__   __8 - 5 =__

4

__9 - 3 =__   _____

5

_____   _____

6

__5 - 1 =__   __9 - 8 =__

7  **10** $0 + \quad = 10$ _____ _____

8 **5** $0 + \quad = 5$ _____ _____

1 Ein Kind legt 7 Plättchen, der Partner nimmt 2 weg. Weitere Beispiele legen, Minus-Aufgabe schreiben. **2** – **3** Plättchen wegstreichen, Ergebnis schreiben. **4** – **5** Minus-Aufgabe schreiben. **6** Plättchen zeichnen, wegstreichen, Ergebnis schreiben.

Ich rechne 5 – 3 = 2

5 3

Faule Traube.

5 3
2

3 5 ✗

1
9 4

7 2

6 5

4 4

2
7 3

3 1

9 6

6 2

3
9 0

8 7

5 7

7 5

4
9 5

6 6

9 7

5 9

5

Minus-Trauben: Benachbarte Zahlen von links nach rechts subtrahieren. Das Ergebnis in die Mitte darunter schreiben.
3 – 4 Jeweils eine Traube ist faul: Durchstreichen. **5** Eigene Minus-Trauben erfinden.

41

4 – 2 =

Zu jedem Bild eine Minus-Geschichte erzählen und die Minus-Aufgabe schreiben.

Wo sind Minus-Geschichten zu sehen? Ein Bild zeichnen und die Minus-Aufgabe schreiben.

1

7   − 4   − 3 =

2

8   −   − =

3
5 − 2 − 1 = ____
4 − 1 − 2 = ____
10 − 2 − 2 = ____

4
10 − 1 − 3 = ____
7 − 2 − 1 = ____
5 − 2 − 2 = ____

5
6 − 3 − 1 = ____
7 − 3 − 3 = ____
6 − 1 − 4 = ____

6
8 − 4 − 3 = ____
9 − 2 − 4 = ____
10 − 3 − 4 = ____

7
10 − 5 − 3 = ____
7 − 2 − 2 = ____
6 − 2 − 3 = ____

8
9 − 3 − 3 = ____
5 − 1 − 4 = ____
8 − 0 − 7 = ____

9

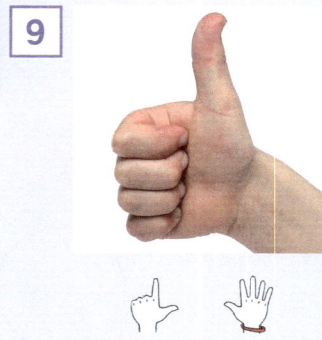
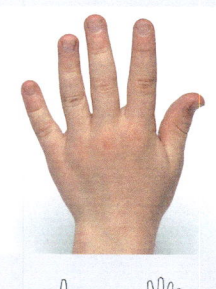
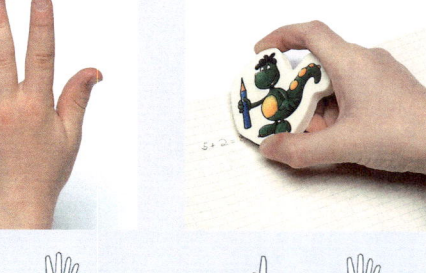
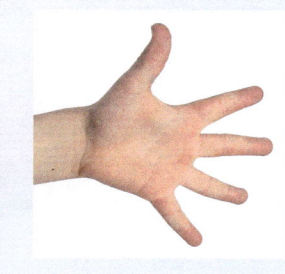
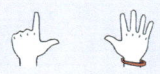
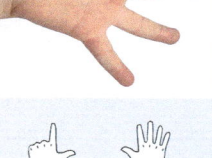

9 Die passende Hand färben (links: lila, rechts: rot).

1

vorher _____ _____ _____

2

_____

_____

3

$7 - 2 =$ ___

$7 - 3 =$ ___

$7 - 4 =$ ___

4

9 4

10 8

6 8

7 3

5

$6 - 3 =$ ___

$7 - 3 =$ ___

$8 - 3 =$ ___

_____

6

$9 - 3 - 2 =$ ___

$8 - 1 - 4 =$ ___

$9 - 4 - 5 =$ ___

$10 - 8 - 1 =$ ___

7

8

1 – 6 Aufgaben lösen. Dann ankreuzen: War es leicht oder schwer? 7 Eigene leichte Aufgaben schreiben.
8 Eigene schwere Aufgaben schreiben. Nach dieser Seite empfiehlt sich Diagnosetest D6.

45

Symmihausen

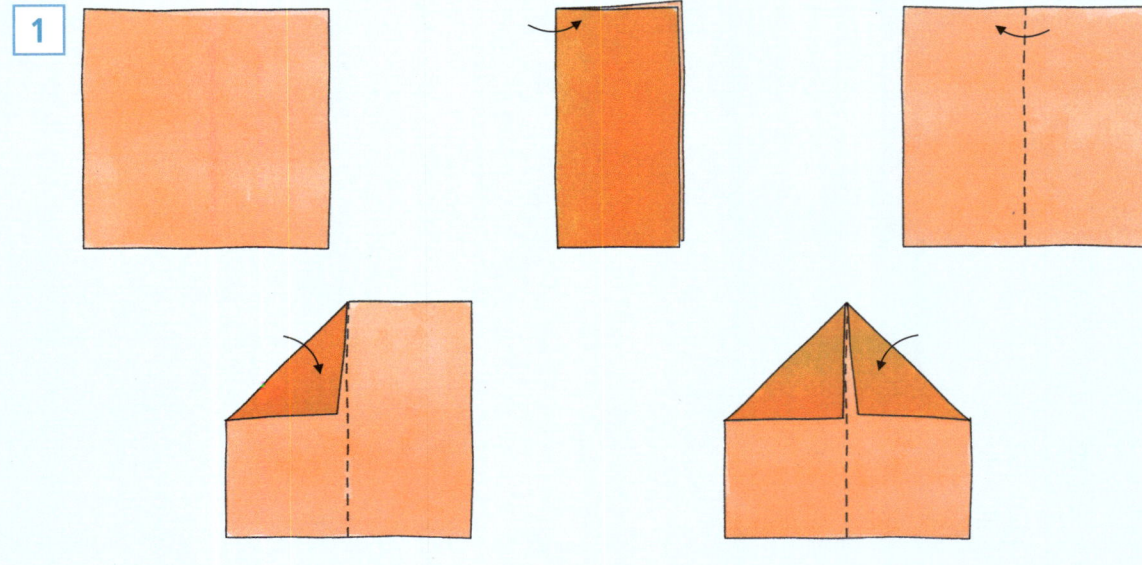

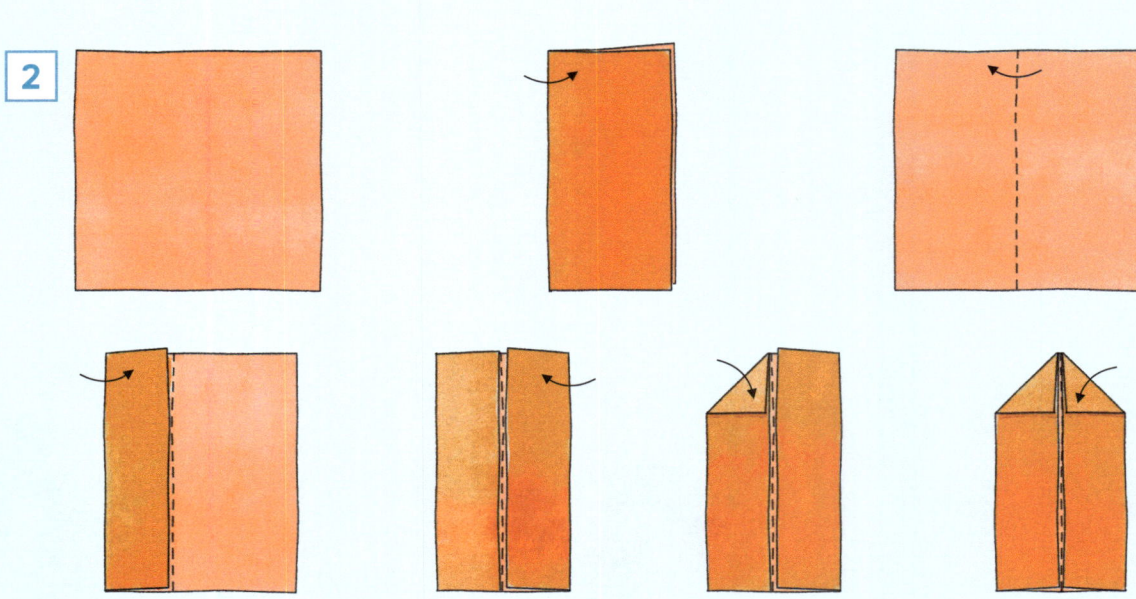

1 – **2** Ein Haus falten.

2 – 4 Woraus ist der Baum entstanden? Durchstreichen, was nicht passt. 5 Eigene Klecksbilder herstellen.
6 Welche Bilder sind keine Klecksbilder? Durchstreichen.

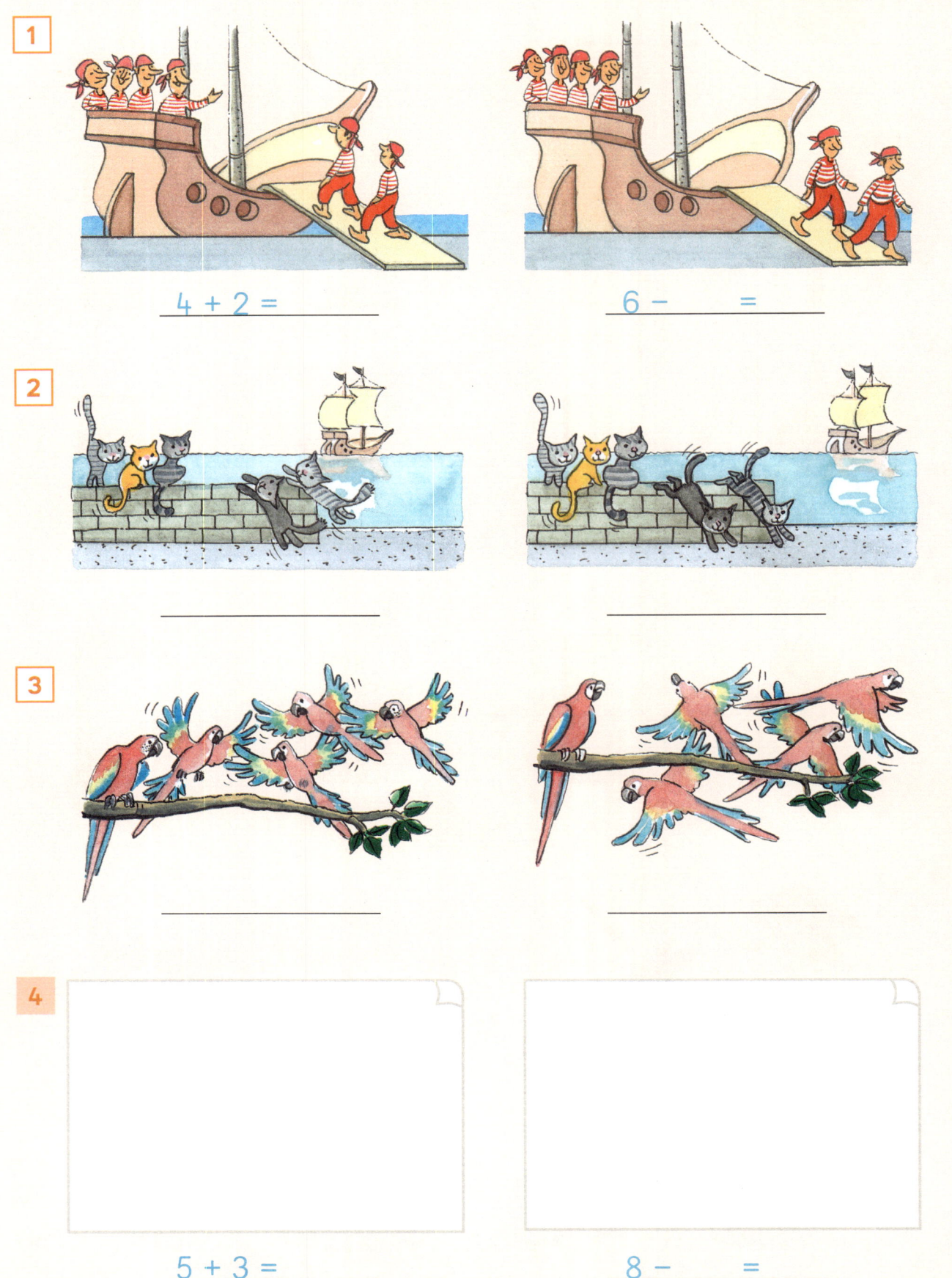

1 $4 + 2 =$ _____ $6 -$ ____ $=$ ____

2

3

4 $5 + 3 =$ _____ $8 -$ ____ $=$ ____

1 – 3 Erst Plus-Geschichte, dann Minus-Geschichte erzählen. Aufgaben schreiben.
4 Eigene Geschichte zur Plus-Aufgabe und Minus-Aufgabe malen oder erzählen. Aufgaben schreiben.

1

Das Doppelte von 4 ist ___.

Die Hälfte von 8 ist ___.

2

$3 +$ ___ $=$ ___   ___ $+$ ___ $=$ ___   ___ $+$ ___ $=$ ___   ___ $+$ ___ $=$ ___

3

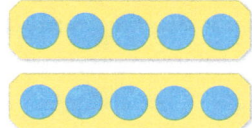
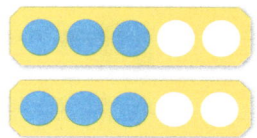

Die Hälfte von 10 ist ___.

Die Hälfte von 6 ist ___.

4

Zahl	1	4	3	5
das Doppelte	2			

Zahl	8	2	10	6
die Hälfte	4			

5 $1 + 1 =$ _____ $4 + 4 =$ _____ $2 + 2 =$ _____ $5 + 5 =$ _____

6

3 + 4

3 + 3 + 1

$3 + 4 =$ ___ $2 + 3 =$ ___ $4 + 5 =$ ___

$3 + 3 + 1 = 7$ $2 +$ ___ $+$ ___ $=$ ___ $4 +$ ___ $+$ ___ $=$ ___

1 Partnerarbeit: Verdoppeln: Ein Kind legt Plättchen in ein Rechenschiff, der Partner verdoppelt. Halbieren: Jeder nimmt ein Schiff. **2** Plättchen malen, Aufgaben schreiben. **6** Fastverdopplungsaufgaben mit Hilfe von Verdopplungsaufgaben lösen.

49

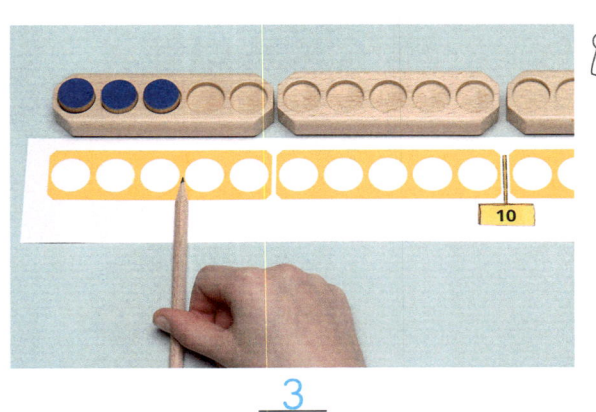

1 Zeige 3, 5, 7, 9, 8, 6.

3

2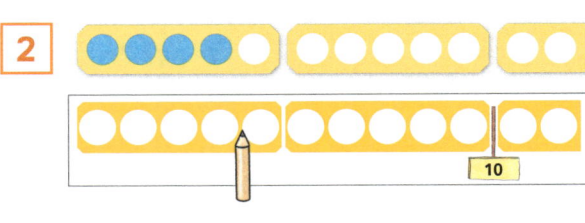

____

3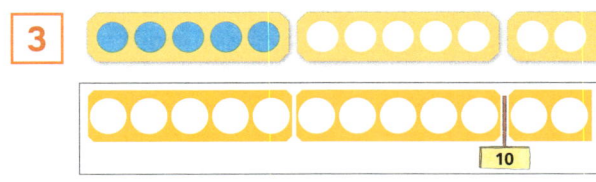

____

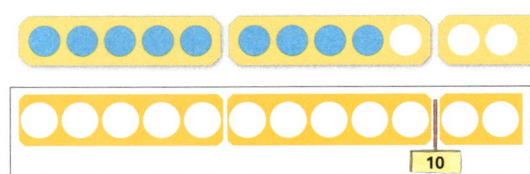

____

4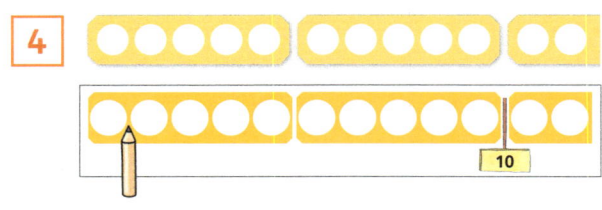

____

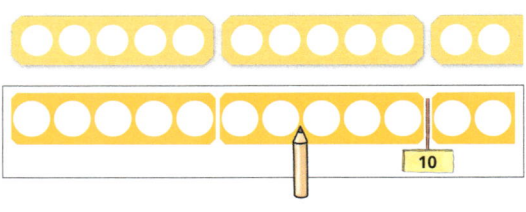

____

5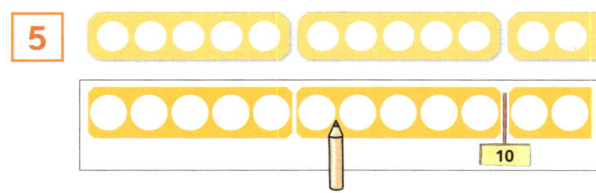

____

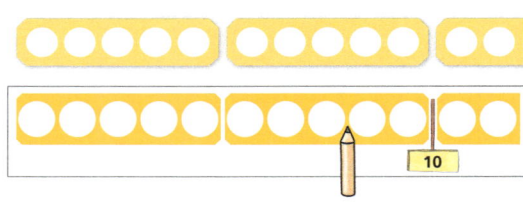

____

6

2

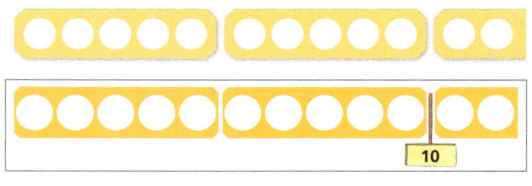

1

7

6

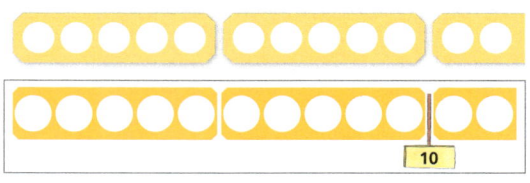

10

2 – **3** Stift einzeichnen und Zahl schreiben.   **4** – **5** Plättchen malen und Zahl schreiben.
6 – **7** Plättchen malen und Stift einzeichnen.

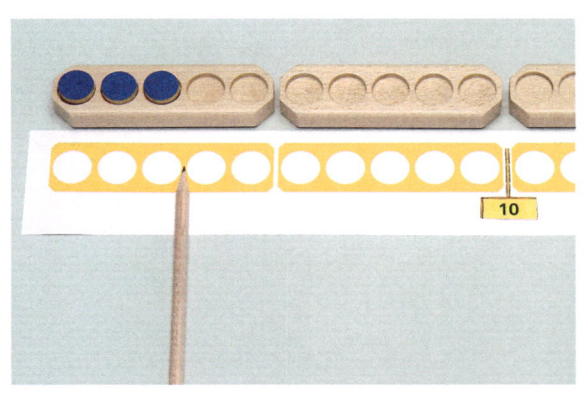

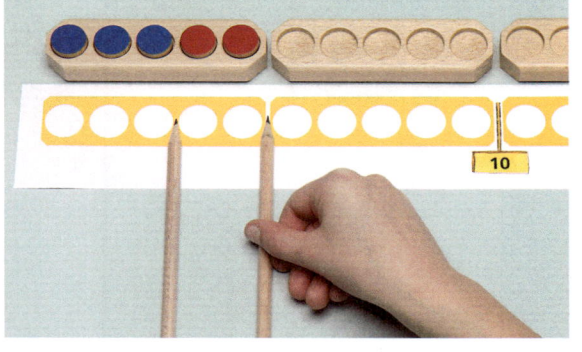

3

3 + 2 = 5

1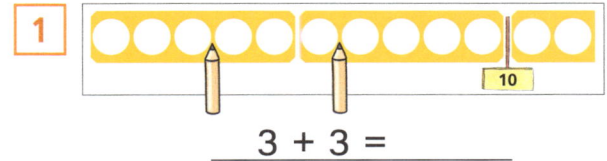

3 + 3 = _____

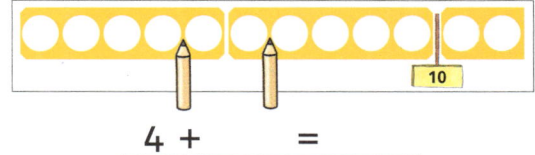

4 + _____ = _____

2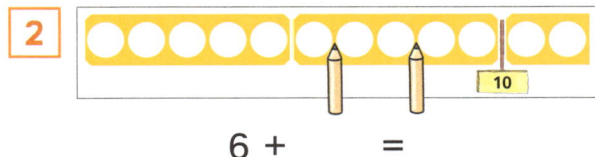

6 + _____ = _____

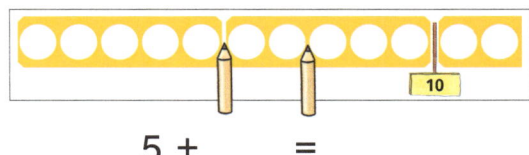

5 + _____ = _____

3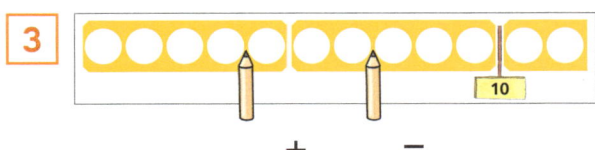

_____ + _____ = _____

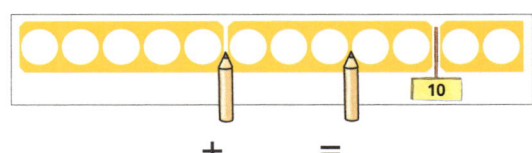

_____ + _____ = _____

4

6 + 3 = _____

7 + 2 = _____

5

6 + 4 = _____

5 + 4 = _____

6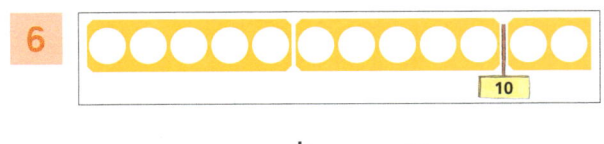

_____ + _____ = _____

_____ + _____ = _____

1 – 3 Plus-Aufgabe ablesen und schreiben.   **4 – 5** Stifte einzeichnen. Ergebnis schreiben.
6 Eigene Plus-Aufgaben erfinden. Stifte einzeichnen, Plus-Aufgabe schreiben.

1

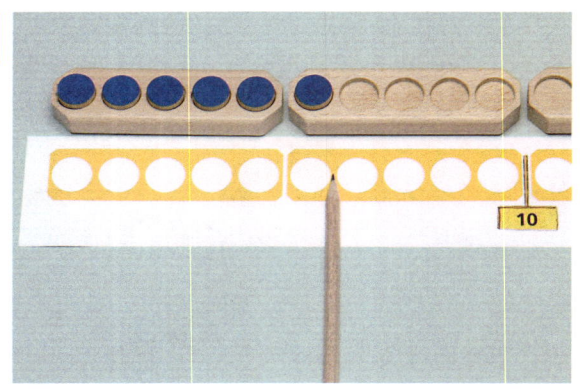

6

6 − 2 =

2

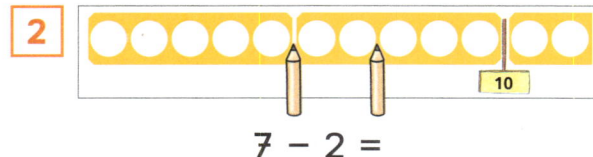

7 − 2 =

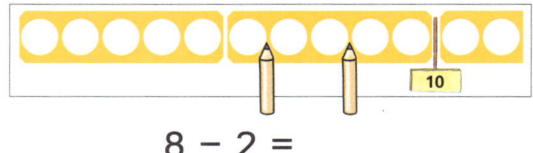

8 − 2 =

3

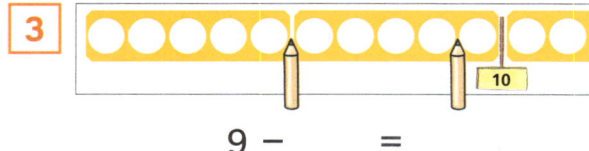

9 −   =

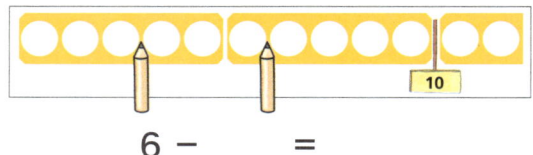

6 −   =

4

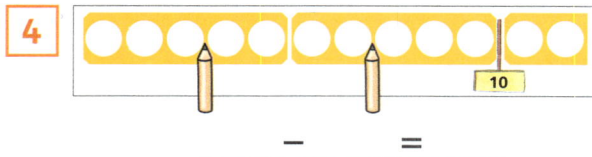

   −   =

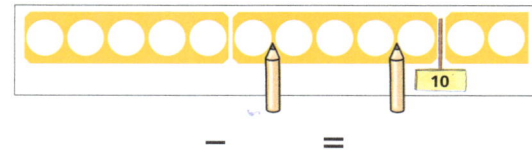

   −   =

5

8 − 4 =

7 − 6 =

6

7 − 3 =

9 − 6 =

7

   −   =

   −   =

1 − **4** Minus-Aufgabe ablesen und schreiben. **5** − **6** Stifte einzeichnen. Ergebnis schreiben.
7 Eigene Minus-Aufgaben erfinden. Stifte einzeichnen, Minus-Aufgabe schreiben.

$4 + 3 = 7$

$7 - 3 = 4$

1

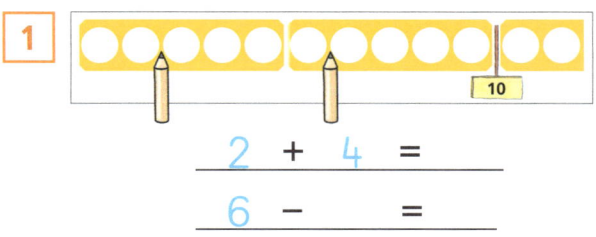

2 + 4 = _____

6 – _____ = _____

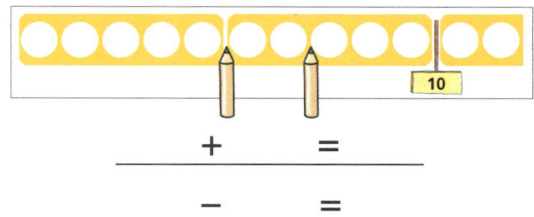

_____ + _____ = _____

_____ – _____ = _____

2

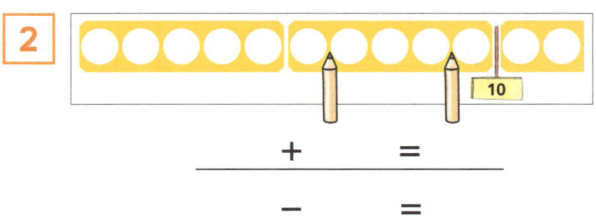

_____ + _____ = _____

_____ – _____ = _____

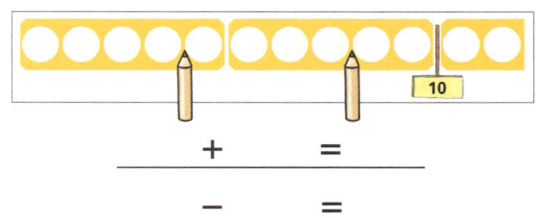

_____ + _____ = _____

_____ – _____ = _____

3

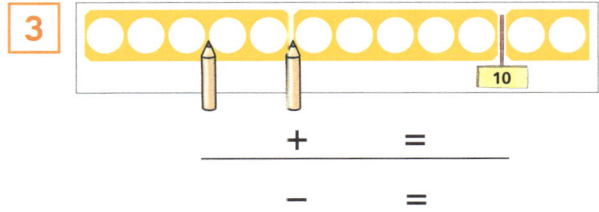

_____ + _____ = _____

_____ – _____ = _____

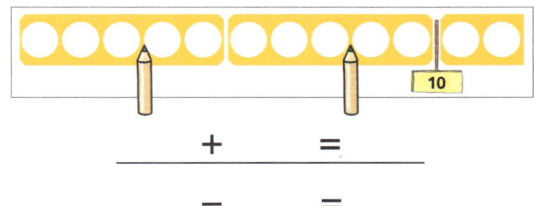

_____ + _____ = _____

_____ – _____ = _____

4

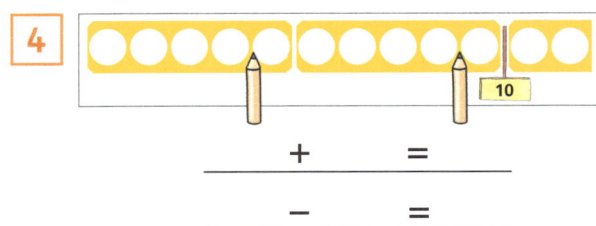

_____ + _____ = _____

_____ – _____ = _____

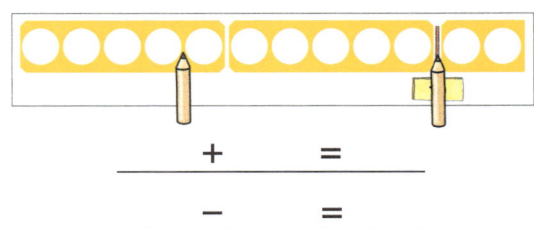

_____ + _____ = _____

_____ – _____ = _____

5

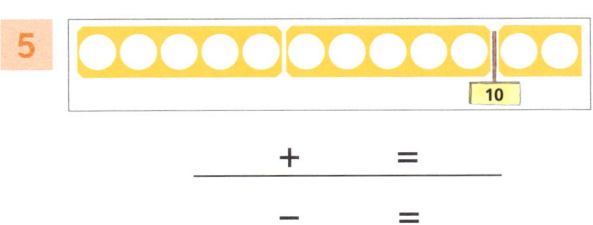

_____ + _____ = _____

_____ – _____ = _____

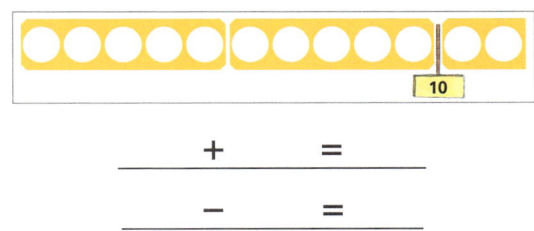

_____ + _____ = _____

_____ – _____ = _____

Wortspeicher nutzen. **1** – **4** Plus-Aufgabe und Minus-Aufgabe ablesen und schreiben.
5 Eigene Aufgaben erfinden: Stifte einzeichnen, Plus-Aufgabe und Minus-Aufgabe schreiben.

1

$3 + 1 = \underline{4}$

$3 + 2 = \underline{5}$

$3 + 3 = \underline{}$

$3 + 4 = \underline{}$

$3 + = \underline{}$

_____

_____

2

$6 - 1 = \underline{5}$

$6 - 2 = \underline{4}$

$6 - 3 = \underline{}$

$6 - 4 = \underline{}$

$6 - = \underline{}$

_____

3

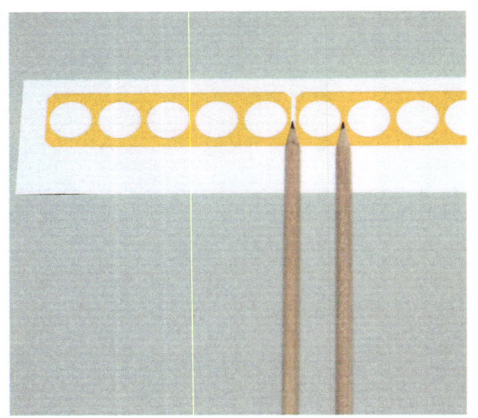

$4 + 1 = \underline{}$

$4 + 2 = \underline{}$

$4 + 3 = \underline{}$

$4 + 4 = \underline{}$

4

$4 - 1 = \underline{}$

$4 - 2 = \underline{}$

$4 - 3 = \underline{}$

$4 - 4 = \underline{}$

5

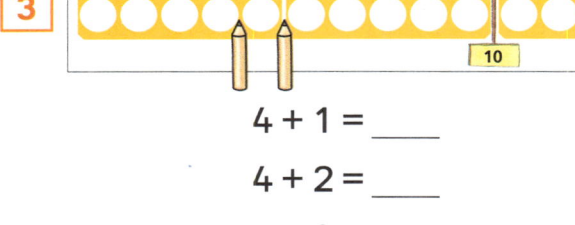

$5 + 1 = \underline{}$ $\qquad$ $5 - 1 = \underline{}$

$5 + 2 = \underline{}$ $\qquad$ $5 - 2 = \underline{}$

$5 + 3 = \underline{}$ $\qquad$ $5 - 3 = \underline{}$

$5 + = \underline{}$ $\qquad$ $5 - = \underline{}$

_____ $\qquad$ _____

6

$7 + 1 = \underline{}$ $\qquad$ $7 - 1 = \underline{}$

$7 + 2 = \underline{}$ $\qquad$ $7 - 2 = \underline{}$

_____ $\qquad$ $7 - 3 = \underline{}$

_____ $\qquad$ $7 - 4 = \underline{}$

 $\qquad$ $7 - = \underline{}$

_____

1

$2 + 3 =$ ____

$2 + 4 =$ ____

$2 +$ ___ $=$ ____

_____

_____

2

$9 - 4 =$ ____

$9 - 3 =$ ____

$9 - 2 =$ ____

$9 -$ ___ $=$ ____

_____

3 $5 + 5 =$ ____

$5 + 4 =$ ____

$5 + 3 =$ ____

$5 +$ ___ $=$ ____

_____

_____

4 $4 + 1 =$ ____

$4 + 2 =$ ____

$4 + 3 =$ ____

$4 +$ ___ $=$ ____

_____

_____

5 $10 - 5 =$ ____

$10 - 4 =$ ____

$10 - 3 =$ ____

$10 -$ ___ $=$ ____

_____

_____

6 $8 - 6 =$ ____

$8 - 5 =$ ____

$8 - 4 =$ ____

$8 -$ ___ $=$ ____

_____

_____

7 $7 - 4 =$ ____

$2 + 6 =$ ____

$4 + 5 =$ ____

$4 - 4 =$ ____

8 $3 + 3 =$ ____

$4 - 1 =$ ____

$6 + 2 =$ ____

$2 + 4 =$ ____

9 $8 - 2 =$ ____

$6 - 3 =$ ____

$1 + 5 =$ ____

$7 - 4 =$ ____

10 $6 + 3 =$ ____

$9 - 2 =$ ____

$7 - 0 =$ ____

$6 + 2 =$ ____

11

12

Nach dieser Seite empfiehlt sich Diagnosetest D7 und Diagnosetest D8.

1

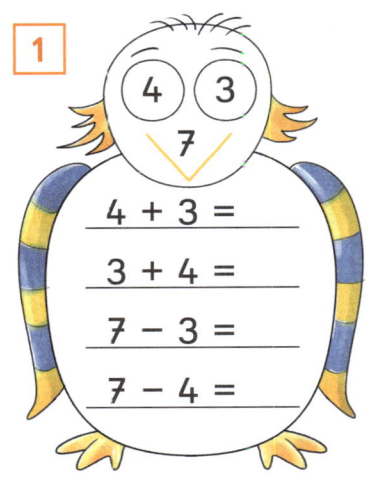

4 + 3 =

3 + 4 =

7 − 3 =

7 − 4 =

Pluminchen

Drei Zahlen im Kopf,
vier Aufgaben im Bauch:
Zwei Plus-Aufgaben,
zwei Minus-Aufgaben

2

6 + 4 =

3

4

5

6

7

Wortspeicher nutzen (Aufgabe und Tauschaufgabe, dazu die Umkehraufgaben).

1   6   3

2   3   5

3   2   3

4   3   7

5   6   8

6

7   4   4

8   3   3

9

6, 9 Eigenes Pluminchen erfinden.   Nach dieser Seite empfiehlt sich Diagnosetest D9.

1 3 4 5 ☐ ☐   6 7 ☐ ☐ ☐

2 ☐ ☐ ☐ 4 5   ☐ ☐ ☐ 8 9

3 ☐ ☐ 4 5 ☐   ☐ ☐ ☐ 10 11

4

$4 + 3 =$ _____ _____

$3 + 4 =$ _____ _____

5 $2 + 4 =$ _____ $3 + 5 =$ _____

$4 + =$ _____   _____

6 $0 + 7 =$ _____ _____

_____ _____

_____ _____

_____ _____

7
$8 + \_\_\_ = 10$ $4 + \_\_\_ = 10$

$5 + \_\_\_ = 10$ $2 + \_\_\_ = 10$

$7 + \_\_\_ = 10$ $3 + \_\_\_ = 10$

8
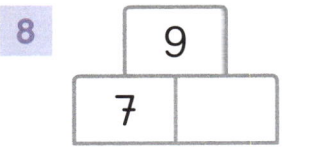 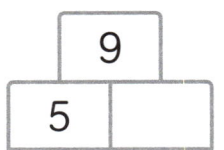 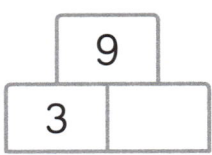 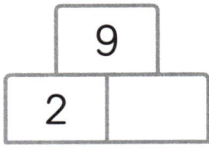

9 / 7 ☐   9 / 5 ☐   9 / 3 ☐   9 / 2 ☐

9
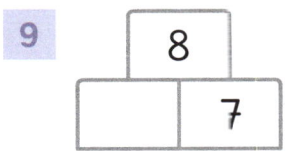 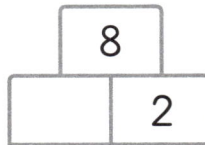 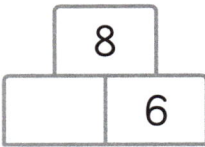

8 / ☐ 7   8 / ☐ 5   8 / ☐ 2   8 / ☐ 6

10

11

12

1 – **3** Die fehlenden Zahlen der Zahlenreihe eintragen.   **8** – **9** Zahlenmauern: Benachbarte Zahlen addieren. Das Ergebnis in die Mitte darüber schreiben.   **10** – **12** Pluminchen: Aufgabe und Tauschaufgabe, dazu die Umkehraufgaben.

Jede Aufgabe ist anders.

1 Was passt?

2 Was passt?

3 Was passt?

4 Was passt?

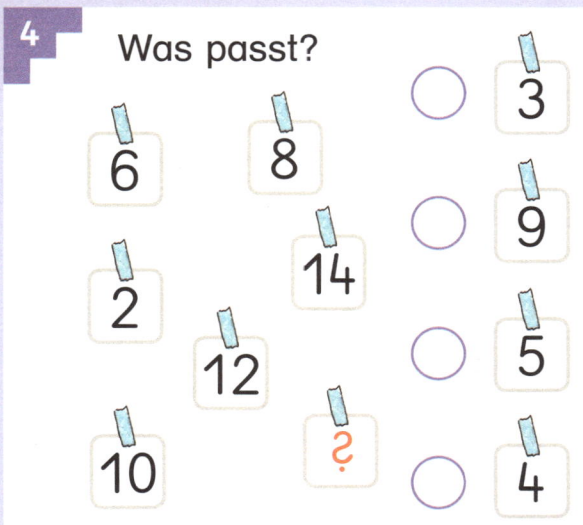

5 Was passt?

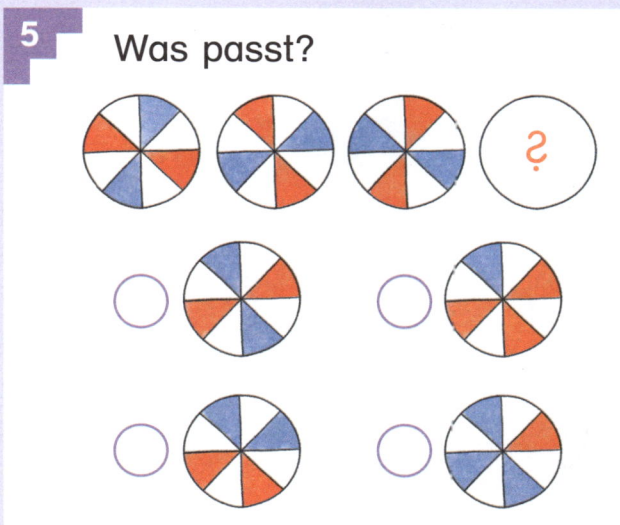

Passendes ankreuzen. Manchmal sind mehrere Antworten richtig.

Ebene Figuren

1

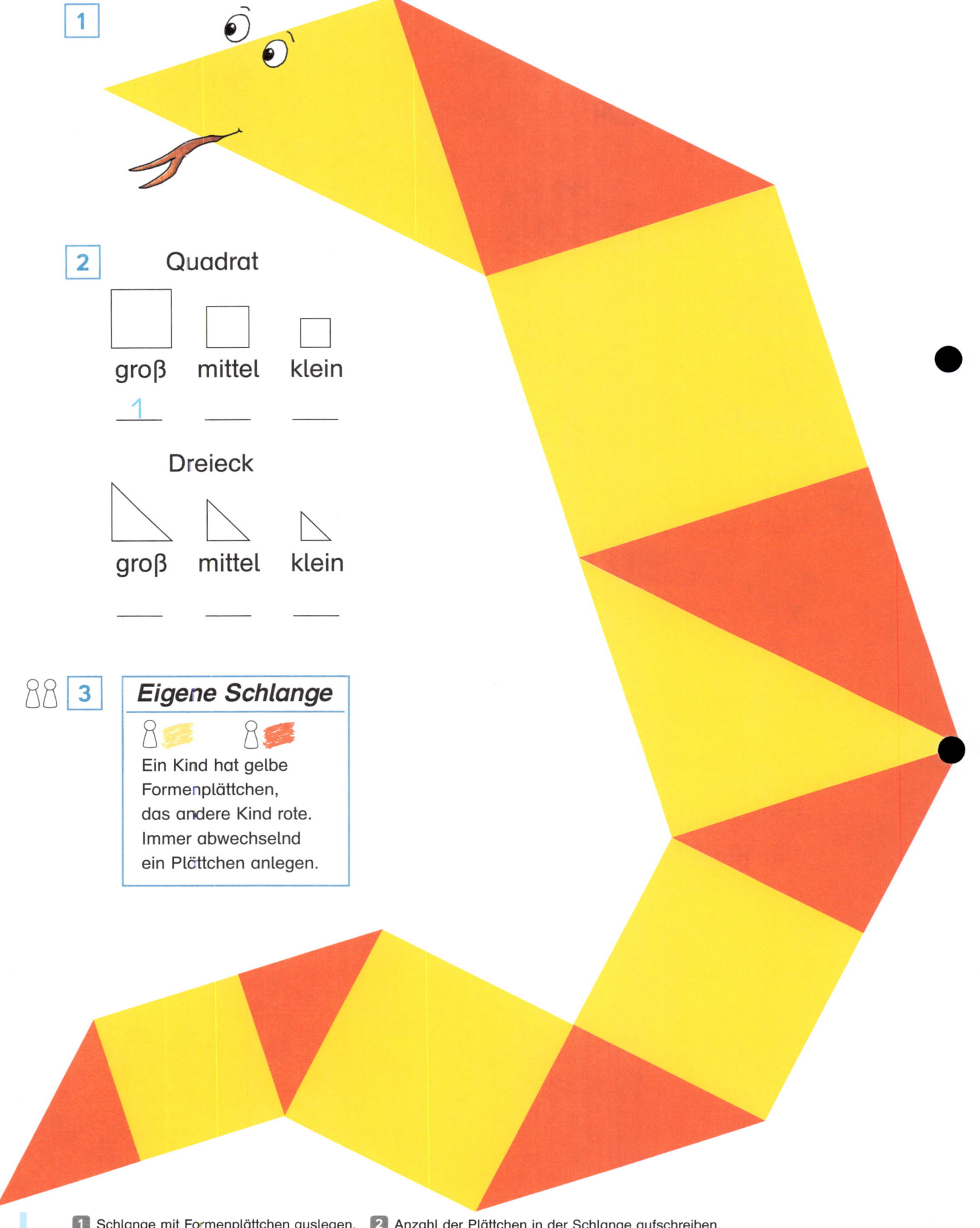

2 Quadrat

groß	mittel	klein
1	___	___

Dreieck

groß	mittel	klein
___	___	___

3 **Eigene Schlange**

Ein Kind hat gelbe
Formenplättchen,
das andere Kind rote.
Immer abwechselnd
ein Plättchen anlegen.

1 Schlange mit Formenplättchen auslegen. **2** Anzahl der Plättchen in der Schlange aufschreiben.

1

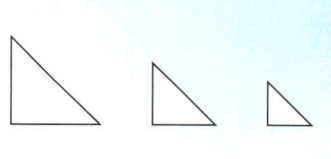

___ Plättchen

2

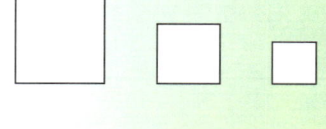

___ Plättchen

3 4 + 3 = ___	**4** 8 + 2 = ___	**5** ___ + 3 = 6	**6** ___ + 3 = 5
7 + 2 = ___	5 + 4 = ___	___ + 4 = 9	___ + 4 = 8
6 + 4 = ___	4 + 2 = ___	___ + 2 = 8	___ + 2 = 7
5 + 3 = ___	6 + 3 = ___	___ + 5 = 10	___ + 5 = 5

1 – **2** Häuser unterschiedlich auslegen. Anzahl der Plättchen aufschreiben.

1

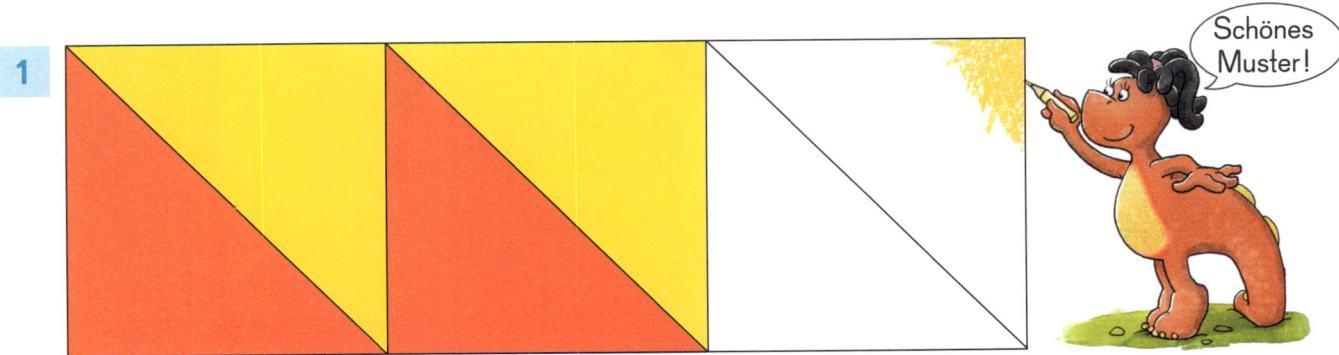

Schönes Muster!

2

3

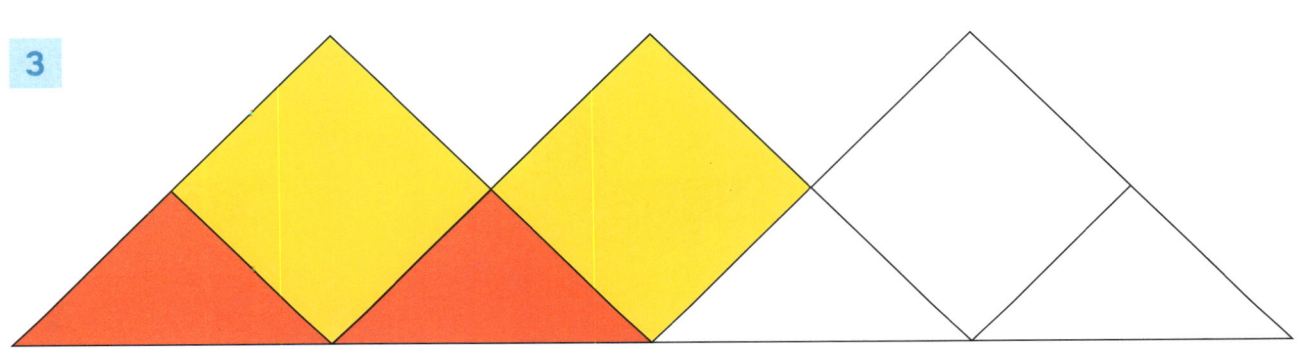

4

5

6	8 − 5 = ___	7	10 − 2 = ___	8	___ − 3 = 5	9	___ − 4 = 3
	5 − 3 = ___		10 − 6 = ___		___ − 5 = 1		___ − 4 = 4
	6 − 4 = ___		10 − 7 = ___		___ − 6 = 0		___ − 4 = 5
	8 − 8 = ___		10 − 5 = ___		___ − 2 = 4		___ − 4 = 6

| 10 | 7 + 2 = ___ | | 4 − 4 = ___ | | ___ + 3 = 5 | | ___ − 2 = 8 |
| | 7 − 2 = ___ | | 4 + 4 = ___ | | ___ − 3 = 5 | | ___ + 2 = 8 |

1 – 3 Erst auslegen. Dann ausmalen.   4 – 5 Ein Kind legt nach. Der Partner legt weiter.

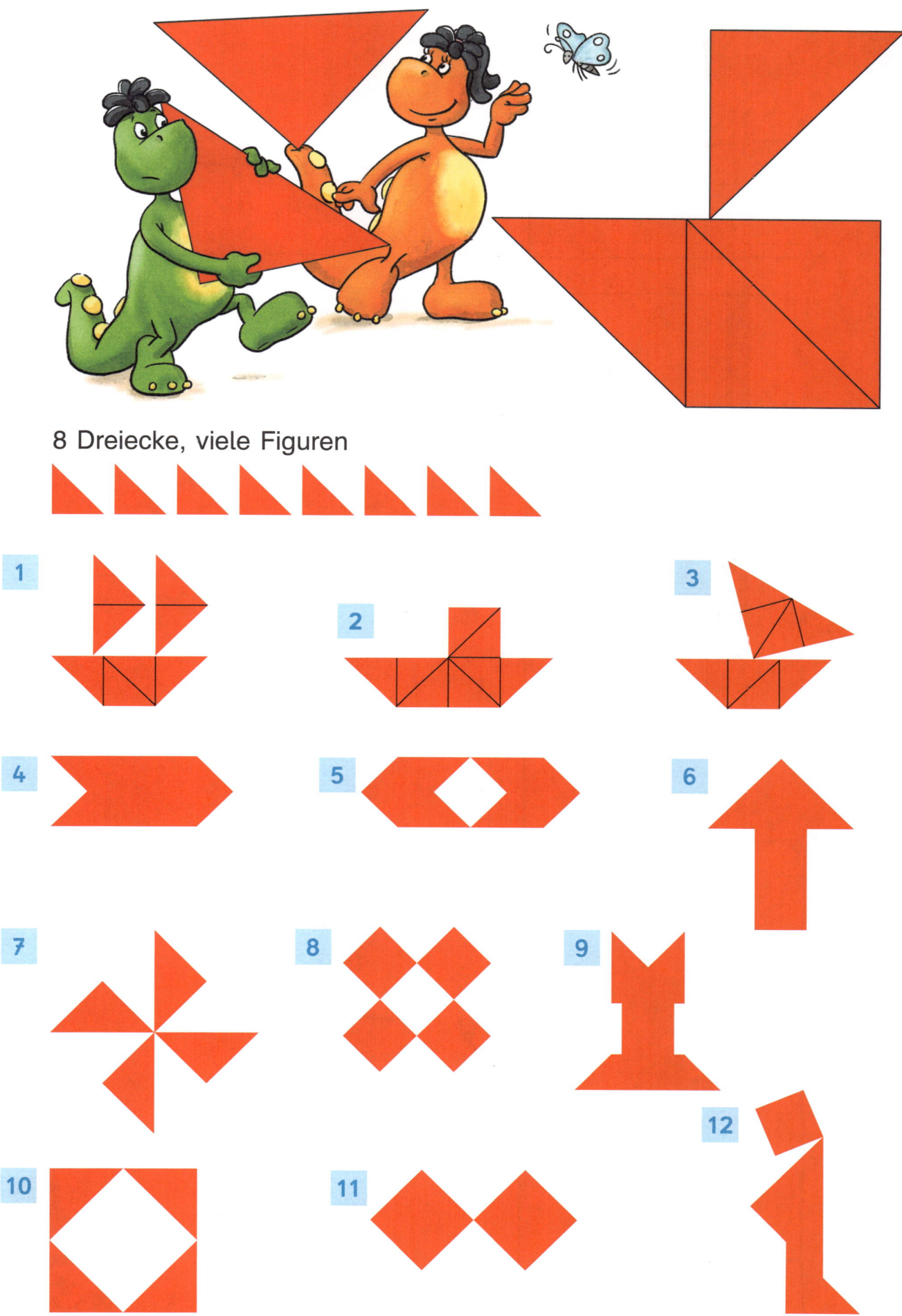

8 Dreiecke, viele Figuren

Nach dieser Seite empfiehlt sich Diagnosetest D10.

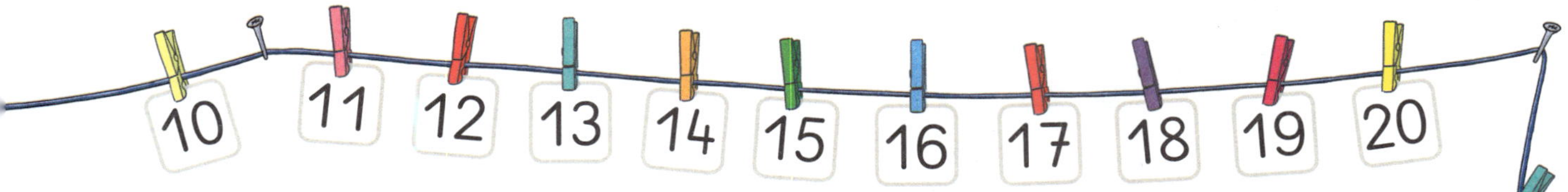

10 11 12 13 14 15 16 17 18 19 20

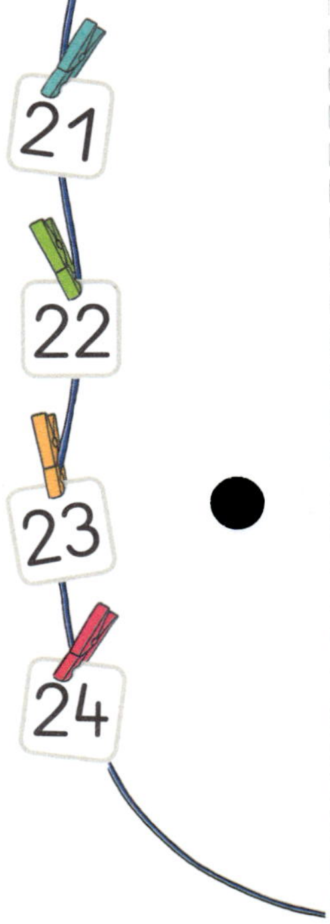

21 22 23 24

1

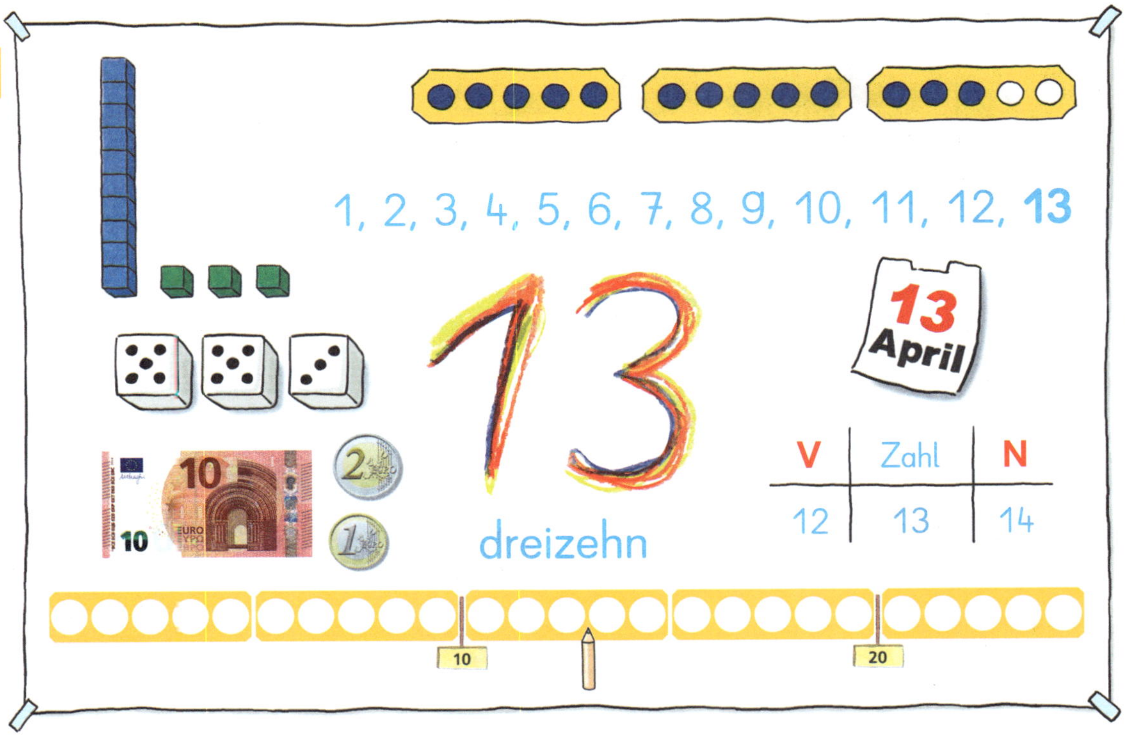

1, 2, 3, 4, 5, 6, 7, 8, 9, 10, 11, 12, **13**

13

13 April

dreizehn

V	Zahl	N
12	13	14

10   20

2

15

10   20

1 Über die Darstellungen auf dem Zahlenplakat sprechen.   **2** Zahlenplakat zur 15 gestalten.

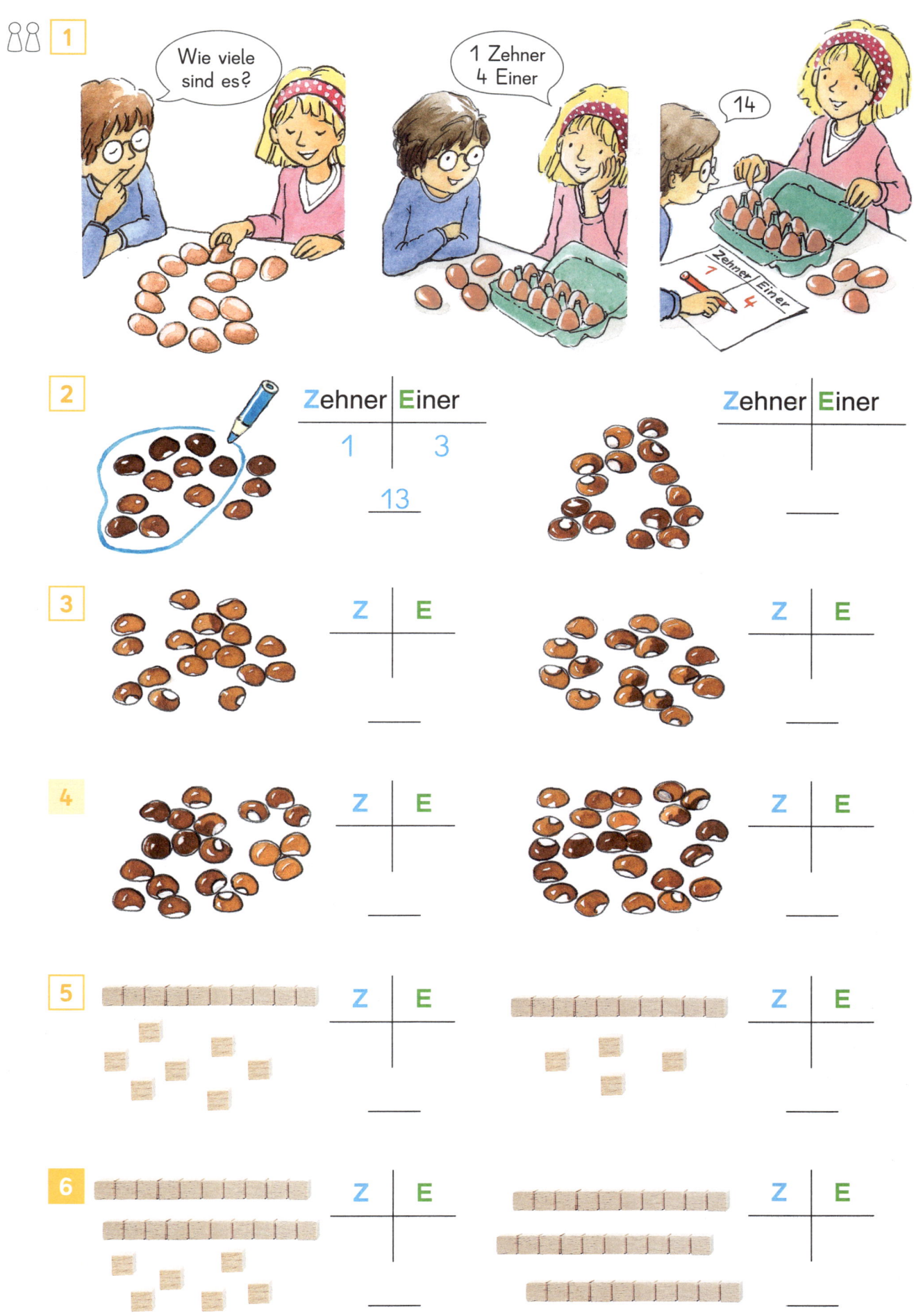

1 Wie viele sind es?
1 Zehner 4 Einer
14

2 Zehner | Einer
1 | 3
13

Zehner | Einer

3 Z | E

Z | E

4 Z | E

Z | E

5 Z | E

Z | E

6 Z | E

Z | E

1 Ein Kind legt eine Anzahl, beide Kinder sortieren ein, nennen und notieren Zehner und Einer. **2** – **4** Immer zehn bündeln. Zehner, Einer und Gesamtzahl eintragen. **5**, **6** Zehner, Einer und Gesamtzahl eintragen.

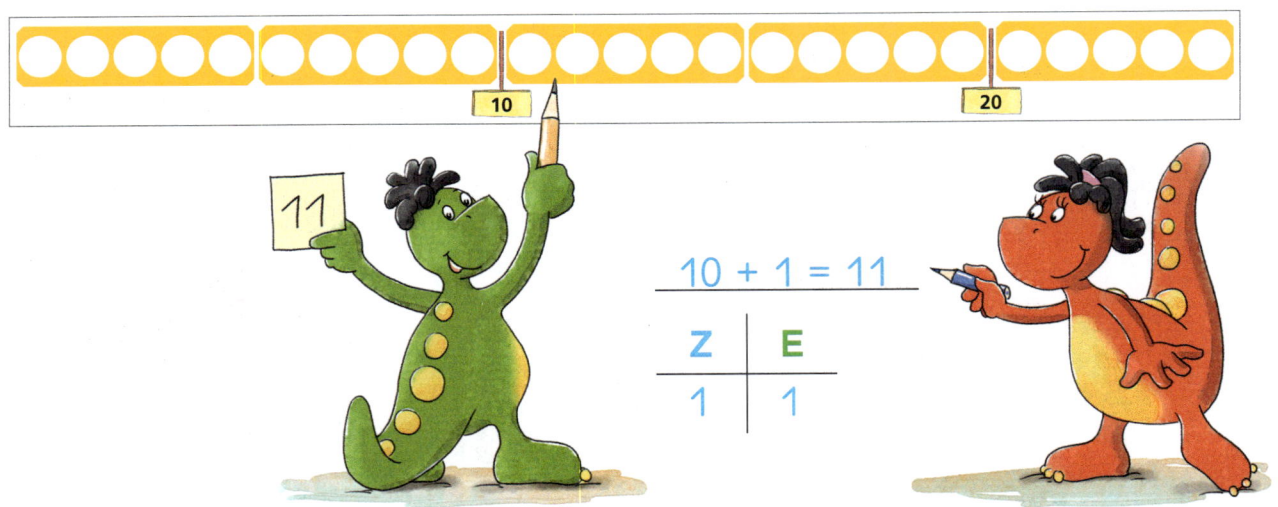

$10 + 1 = 11$

Z	E
1	1

1 | 12 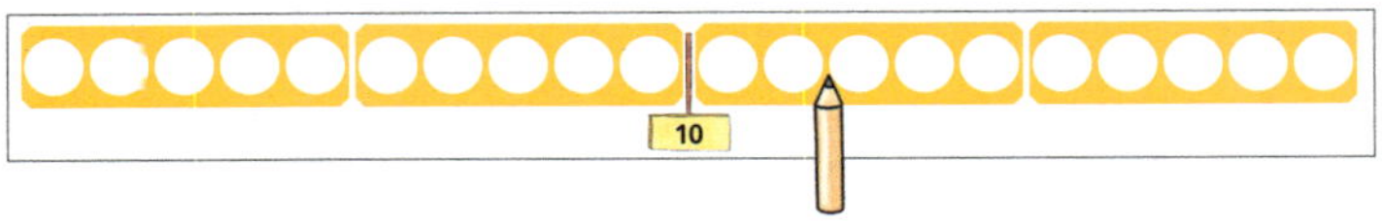 | $10 + 2 = 12$ | Z | E | ●

| 13 | 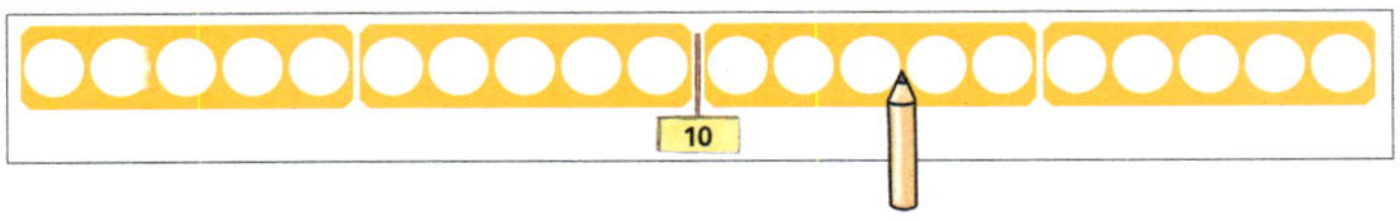 | $10 + \quad =$ | Z | E |

| 14 | | | Z | E |

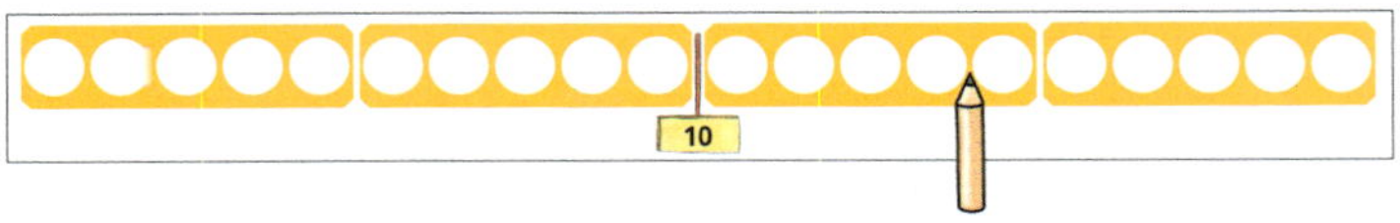

2 | | | Z | E | ●

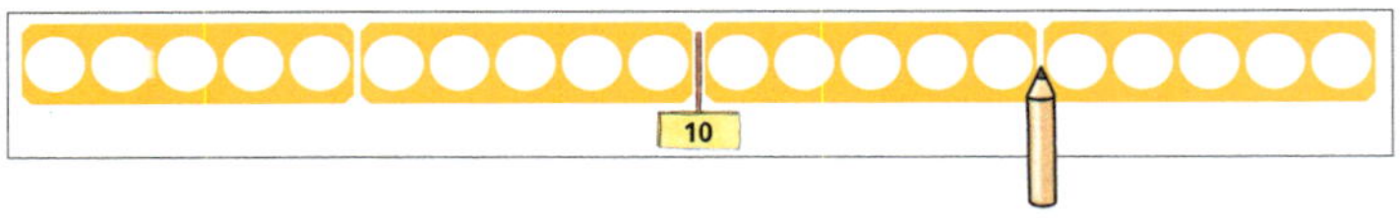

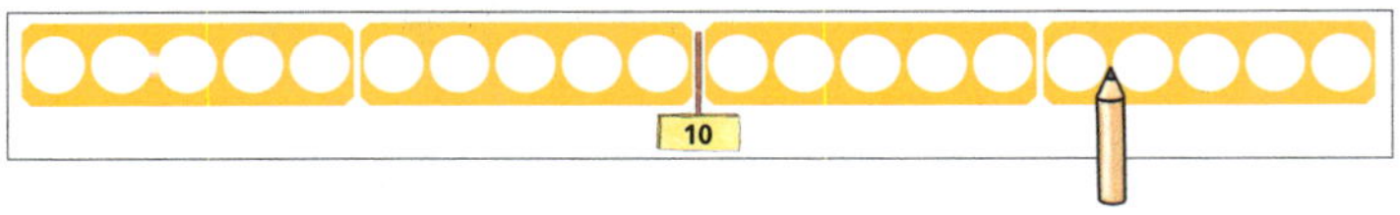

| | | | Z | E |

3 | 17 | | Z | E |

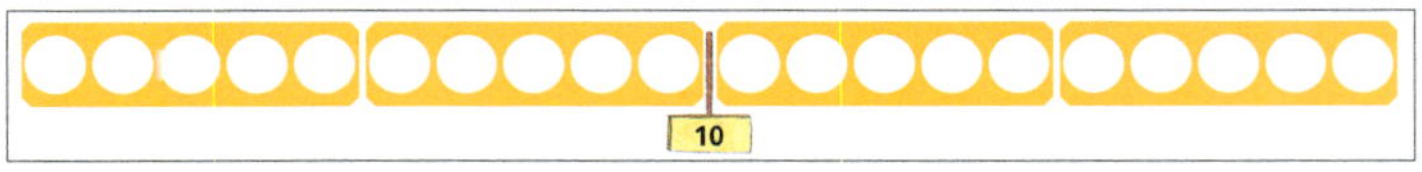

| 18 |  | Z | E |

| 19 | 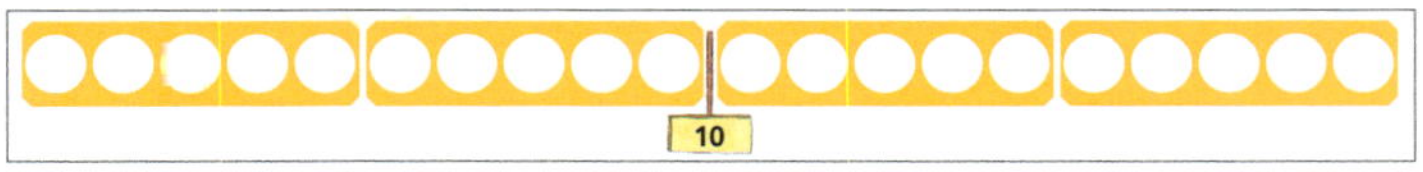 | Z | E |

| 20 | 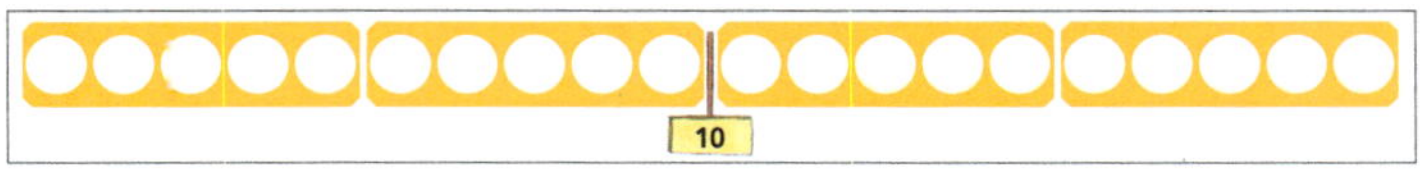 | Z | E |

1 – **2** Welche Zahl wird gezeigt? Schreiben wie Zahline.
3 Zu der Zahl den Stift malen und schreiben wie Zahline.

1 | 10 | 11 | | | | 15 | | | | | |

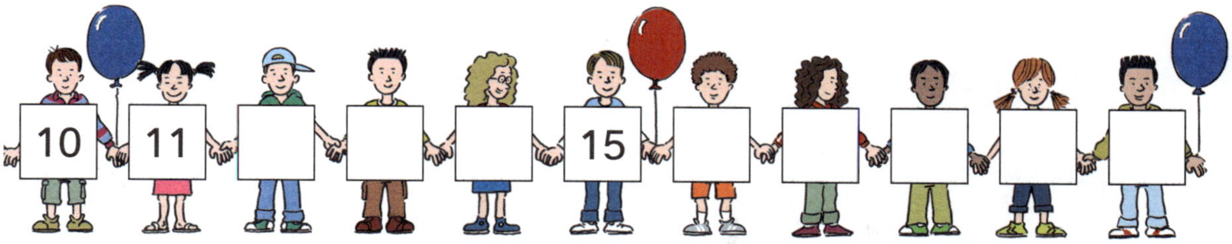

2 | 12 | 13 | | | | | | 13 | 14 | | | |

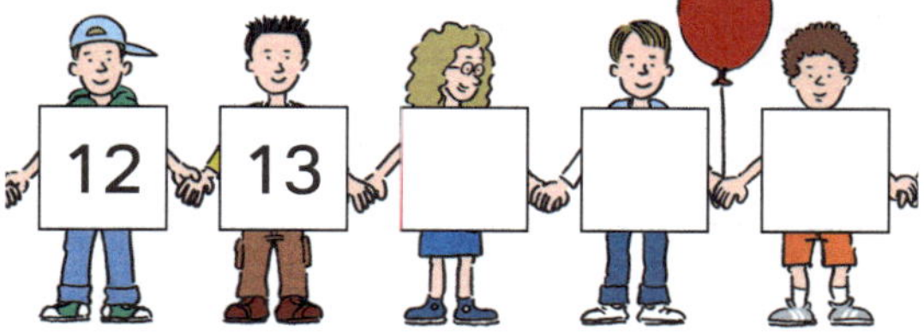

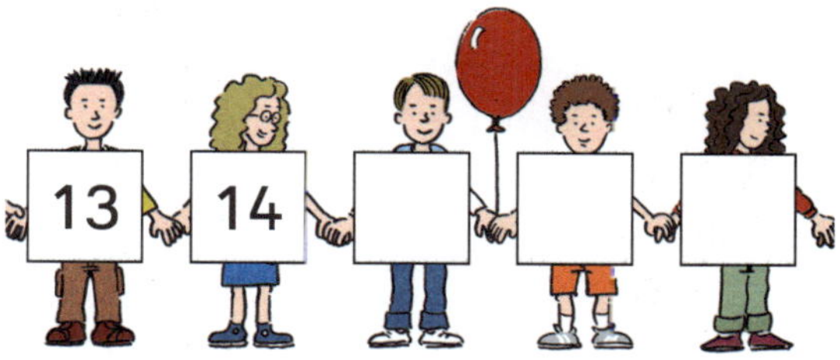

3 | | 15 | 16 | | | | | | 9 | 10 | | |

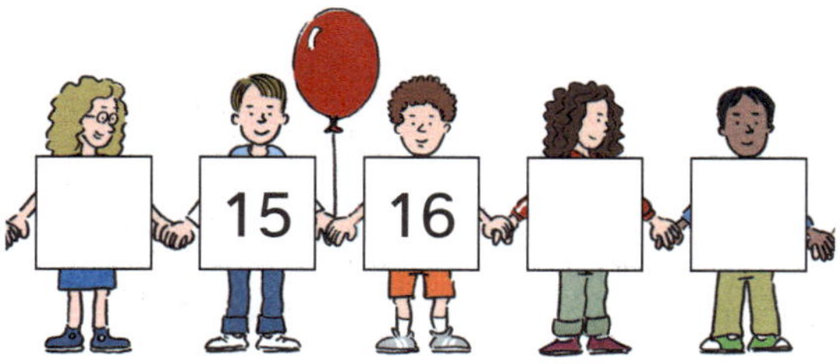

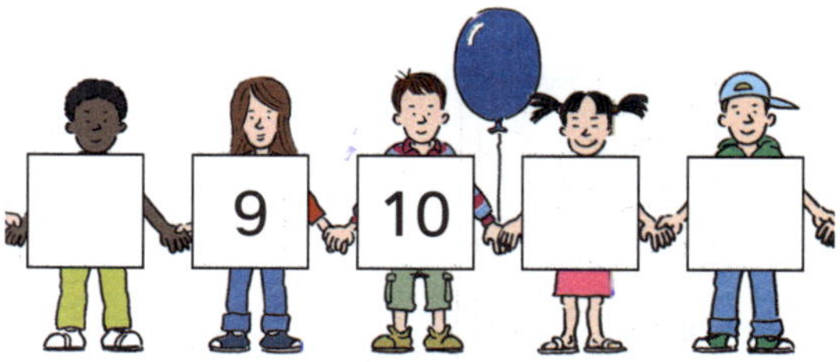

4 — | 15 | 16 | | | | — | 9 | 10 | | | |

5 — | | | 15 | | | — | | | 18 | | |

6 — | | | | | | — | | | | | |

12 ist **V**orgänger von 13

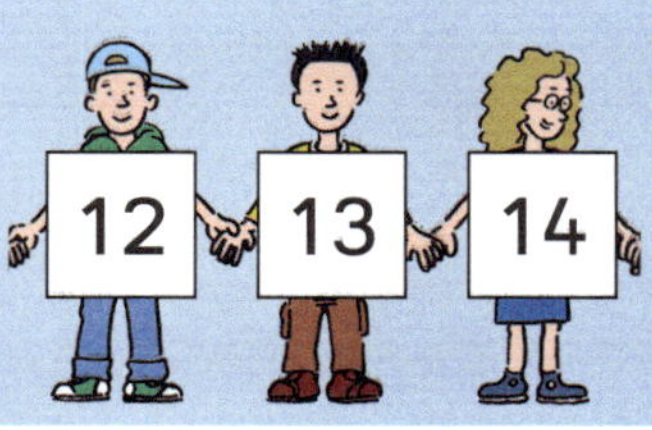

14 ist **N**achfolger von 13

V	Zahl	N
12	13	14

7

V	Zahl	N
	15	

V	Zahl	N
	17	

V	Zahl	N
	11	

8

V	Zahl	N
	2	
	12	

V	Zahl	N
	6	
	16	

V	Zahl	N
	9	
	19	

 **1** – **5** Die fehlenden Zahlen der Zahlenreihe eintragen. **6** Einen Ausschnitt der Zahlenreihe schreiben. Wortspeicher nutzen. **7** – **8** Vorgänger und Nachfolger notieren.

!

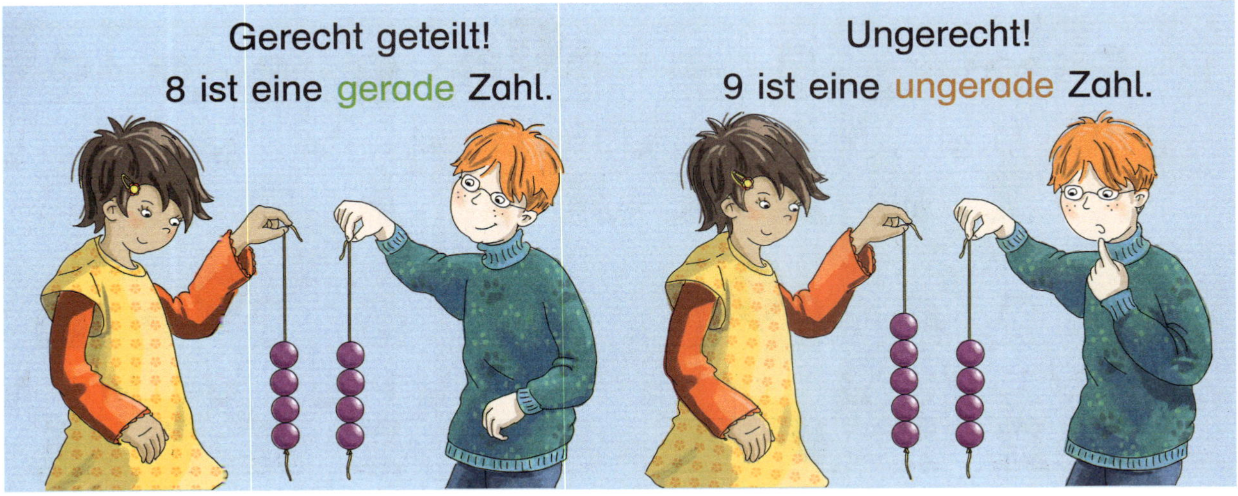

Gerecht geteilt!
8 ist eine gerade Zahl.
Ungerecht!
9 ist eine ungerade Zahl.

1

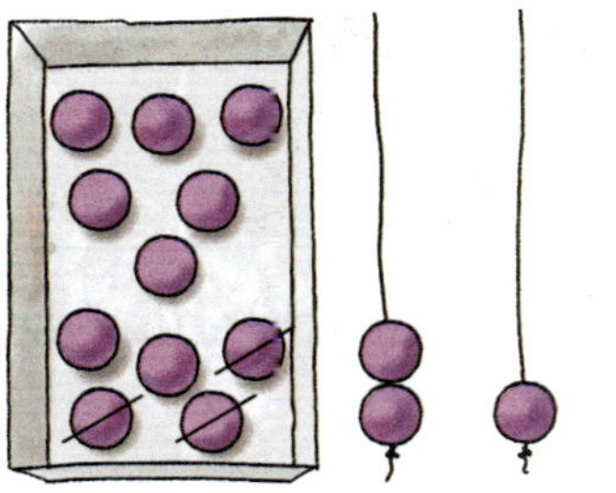

du ich

11 ist
gerade / ungerade

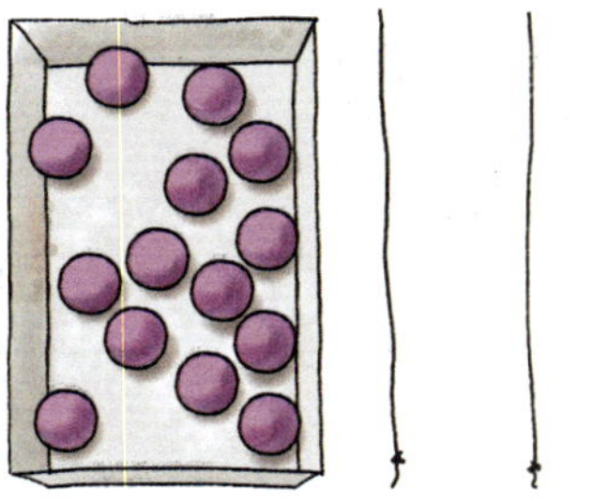

du ich

14 ist
gerade / ungerade

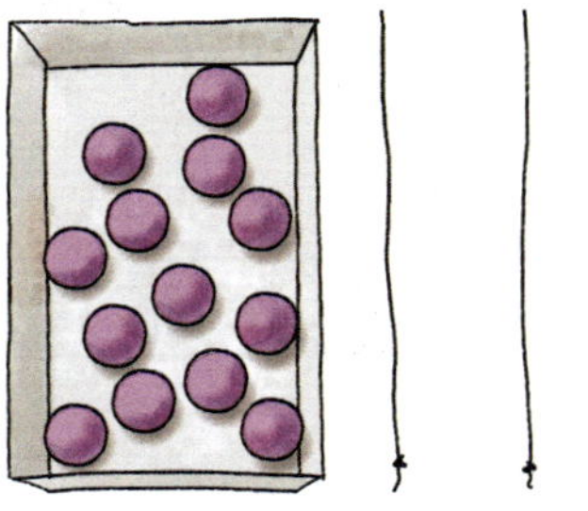

du ich

13 ist
gerade / ungerade

2

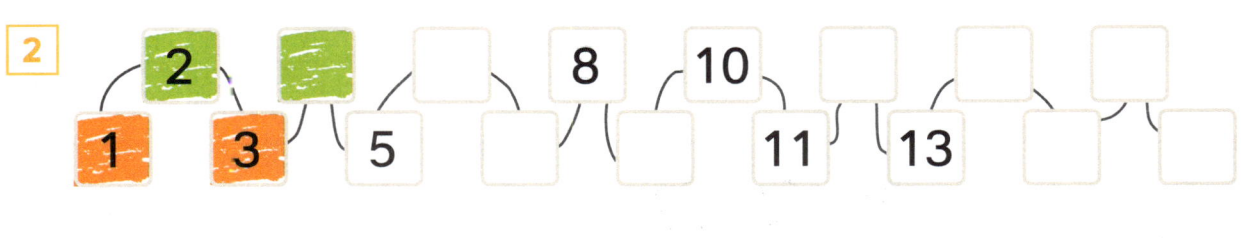

1 – 2 – 3 – ☐ – 5 – ☐ – ☐ – 8 – ☐ – 10 – 11 – ☐ – 13 – ☐ – ☐ – ☐ – ☐

3

8 – 9 – 10 – ☐ – ☐ – ☐ – ☐ – ☐ – ☐ – ☐ – ☐ – ☐ – ☐ – ☐ – ☐ – ☐ – ☐

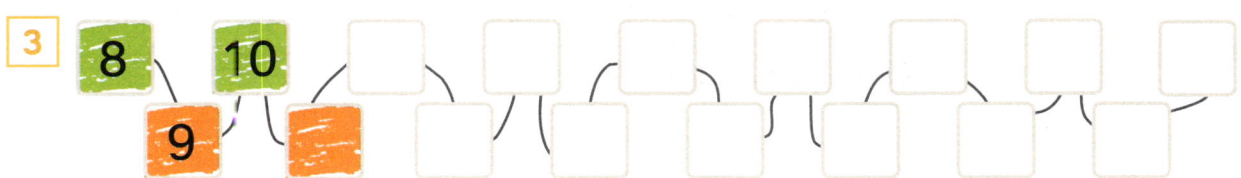

4

V	Zahl	N
1	2	3
	10	
	14	

5

V	Zahl	N
	3	
	15	
	17	

6

V	Zahl	N

Wortspeicher nutzen. 1 Falsche Antwort durchstreichen. 2 – 6 Ungerade Zahlen orange, gerade grün färben.
4 – 5 Vorgänger, Nachfolger eintragen. 6 Eigene Aufgaben schreiben. Nach dieser Seite empfiehlt sich Diagnosetest D11.

4 < 7

1				2				3		
4 ○ 7				2 ○ 2				8 ○ 4		
14 ○ 17				10 ○ 19				18 ○ 14		
1 ○ 6				6 ○ 8				5 ○ 7		
11 ○ 11				16 ○ 19				15 ○ 17		

4		5		6		7	
4 ○ 6		19 ○ 12		4 ○ 14		14 ○ 1	
14 ○ 16		9 ○ 2		24 ○ 14		15 ○ 14	
8 ○ 8		1 ○ 11		7 ○ 8		8 ○ 12	
19 ○ 18		21 ○ 21		17 ○ 18		0 ○ 10	

8

12 (19) 9 (15) 21 ~~10~~ 3	9 2 12 7 10 0 4	6 22 16 10 15 5 20
11 < ____	7 > ____	15 < ____

9

12 15 16 8 10 18 9	20 16 11 9 1 3 13	7 14 18 13 10 8 2
____ > 10	____ < 13	____ > 8

10 ⑥

4 + ____ = 6	3 + ____ = 6
2 + ____ = 6	1 + ____ = 6
5 + ____ = 6	0 + ____ = 6

11 ⑨

4 + ____ = 9	7 + ____ = 9
6 + ____ = 9	5 + ____ = 9
1 + ____ = 9	2 + ____ = 9

1 – 7 Richtiges Zeichen einsetzen.   8 – 9 Passende Zahlen einkreisen, nicht passende Zahlen durchstreichen.

1 Verbinde.

2 Zeichne ungefähr ein: 5, 9, 1, 4, 6

3 Zeichne ungefähr ein: 5, 11, 1, 9, 19, 6

4 Wo liegt die Zahl ungefähr? Verbinde.

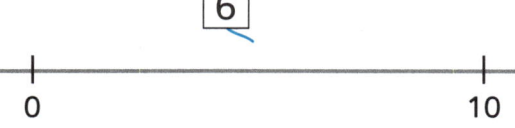

5

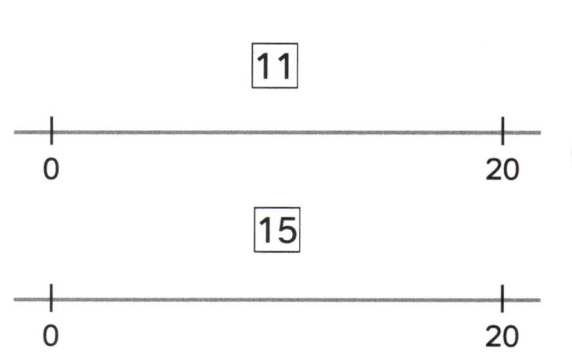

6 Welche Zahl ist in der Mitte?

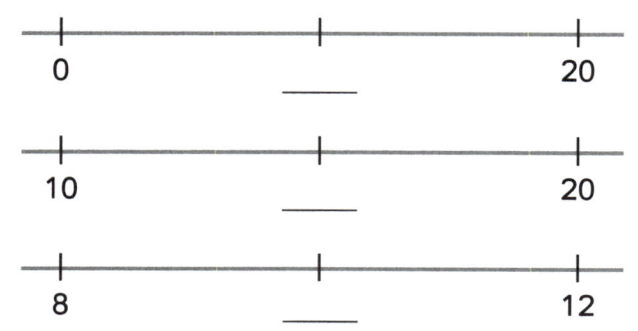

Nach dieser Seite empfiehlt sich Diagnosetest D12.

1

vorher 14   14 – 4 = _____

2

13 – 3 = _____   15 – 5 = _____   11 – 1 = _____

17 – 7 = _____   19 – 9 = _____   18 – 8 = _____

12 – 2 = _____   16 – 6 = _____   20 – 10 = _____

3

13 – _____ = 10   18 – _____ = 10   14 – _____ = 10

15 – _____ = 10   12 – _____ = 10   20 – _____ = 10

4

vorher 14   14 – 10 = _____

5

17 – 10 = _____   13 – 10 = _____   16 – 10 = _____

12 – 10 = _____   19 – 10 = _____   11 – 10 = _____

15 – 10 = _____   18 – 10 = _____   20 – 10 = _____

6 Zeichne ungefähr ein: 5, 1, 9, 4

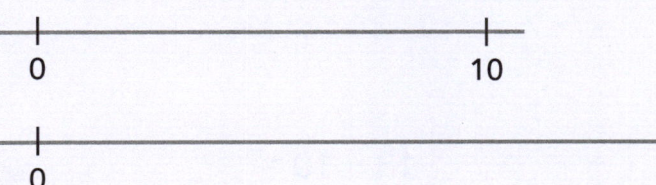

7 Welche Zahl ist in der Mitte?

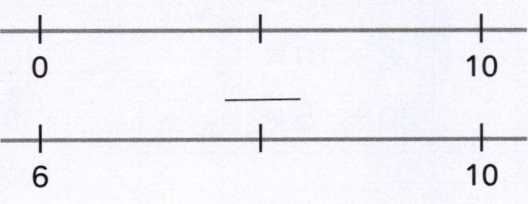 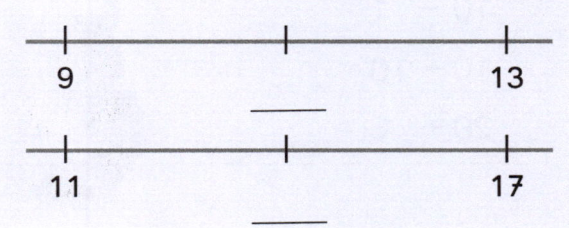

1

16	1	21	12

13	15	14	9

15	12	7	1

21	12	9

2

10 − 8 = ____   B
10 − 5 = ____
10 + 8 = ____
20 − 0 = ____
10 − 9 = ____

3

10 − 4 = ____
20 − 2 = ____
10 − 1 = ____
10 + 10 = ____
20 + 6 = ____

4

18 − 10 = ____
15 − 10 = ____
 4 + 10 = ____
 8 + 10 = ____
20 + 5 = ____

1 Zu jeder Zahl den Buchstaben im Zahlen-ABC suchen und eintragen.
2 – **4** Rechnen, zum Ergebnis den Buchstaben suchen und eintragen. Den Namen des Tieres schreiben.

14	15	16	17	18	19	20	21	22	23	24	25	26
N	O	P	Q	R	S	T	U	V	W	X	Y	Z

1

20 + 2 = ___	10 − 3 = ___
10 + 5 = ___	10 − 5 = ___
3 + 4 = ___	12 − 0 = ___
0 + 5 = ___	10 − 8 = ___
10 + 2 = ___	

2

3 + 5 = ___	2 + 5 = ___
8 − 7 = ___	20 − 2 = ___
10 + 9 = ___	10 − 9 = ___
9 − 4 = ___	20 + 1 = ___

3

10 − 8 = ___	12 − 10 = ___
10 − 9 = ___	1 + 11 = ___
13 − 1 = ___	11 − 10 = ___
14 − 2 = ___	10 + 11 = ___

4

12 − 1 = ___	8 + 10 = ___
14 + 1 = ___	5 + 10 = ___
10 + 8 = ___	10 + 10 = ___
7 − 5 = ___	

1 – **4** Rechnen, zum Ergebnis den Buchstaben suchen und eintragen. Namen und Farbe schreiben, ausmalen.

fünfter sein

tür auf
einer raus
einer rein
vierter sein

tür auf
einer raus
einer rein
dritter sein

tür auf
einer raus
einer rein
zweiter sein

tür auf
einer raus
einer rein
nächster sein

tür auf
einer raus
selber rein
tagherrdoktor

Gedicht von Ernst Jandl

74

Ordnungszahlen

1

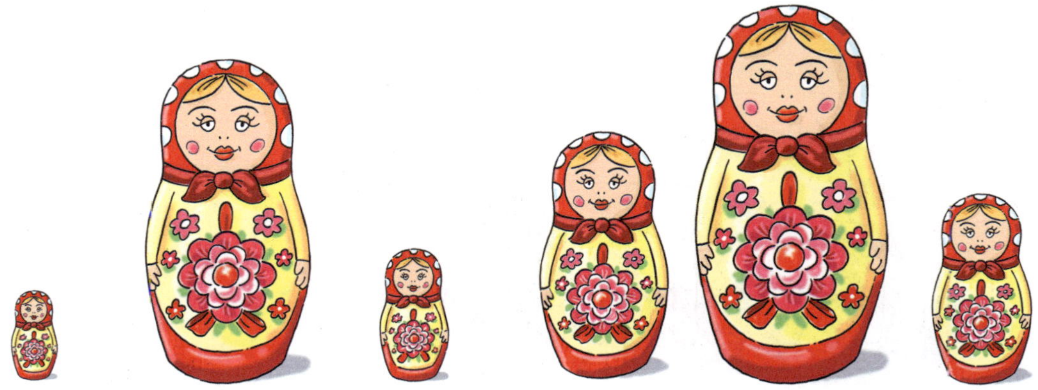

1.					

2

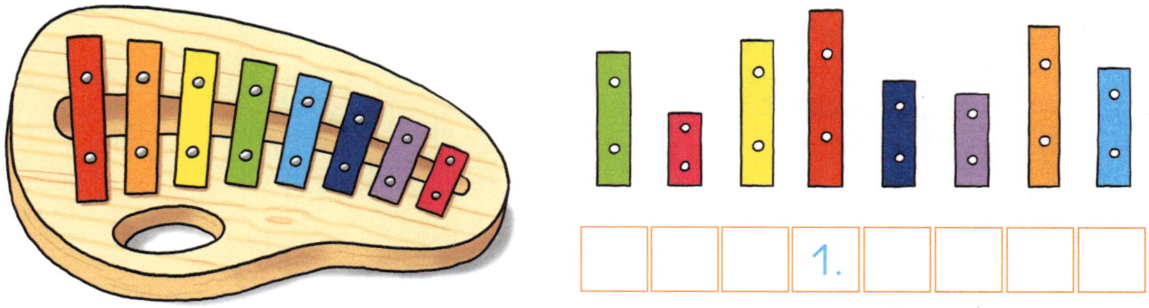

			1.				

3

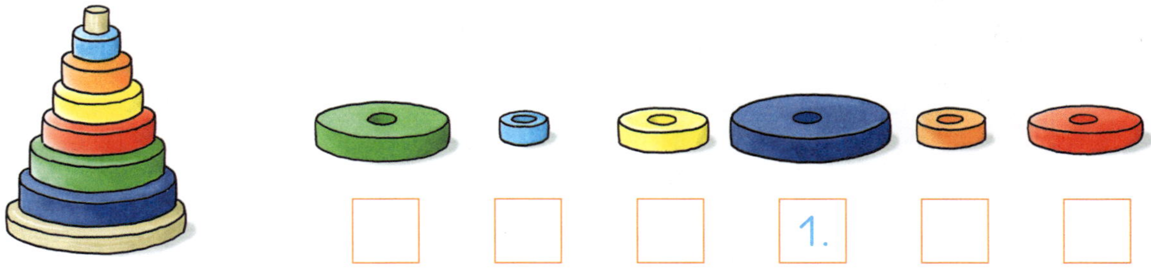

			1.		

4

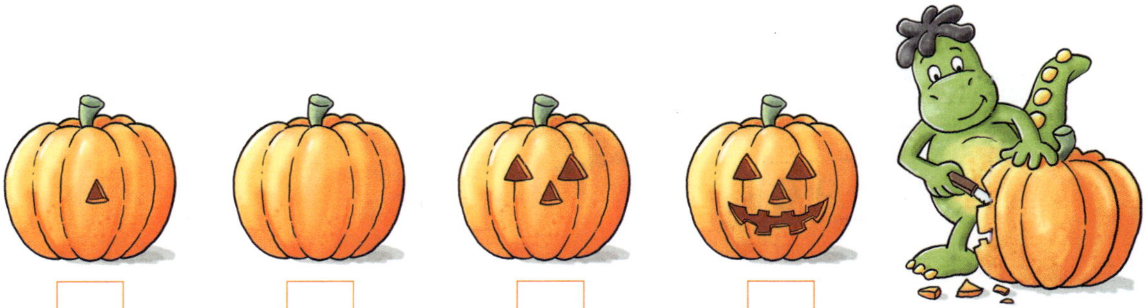

5

10.			13.				17.

1 – **4** Welche Reihenfolge ist richtig? Ordnungszahlen eintragen. **5** Ordnungszahlen schreiben.
Nach dieser Seite empfiehlt sich Diagnosetest D13.

Geld

1 Immer 6 €.

6 €

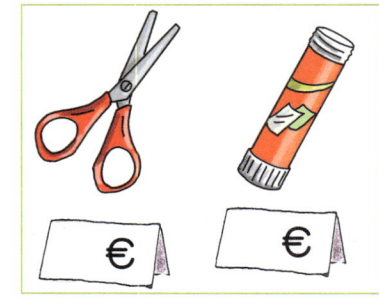

€ €

€ €

2

9 €

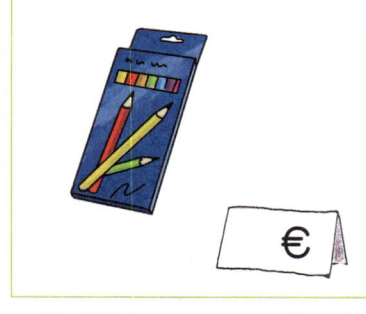

€

5

2

2

1 Gegenstände im Bild suchen, Preis eintragen. **2** Preis eintragen, legen und Beträge zeichnen.

1 Preise eintragen. Gesamtpreis legen und zeichnen. **2 – 4** Preis eintragen. Verschiedene Möglichkeiten für den Preis legen und zeichnen.

1

5 €   3 €

5		
		2
1		

Es kostet _____ €.

2

€   €

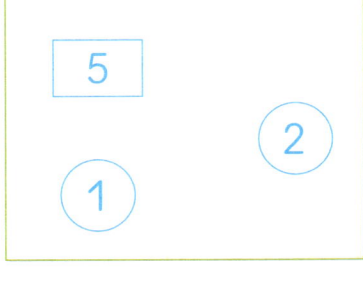

Es kostet _____ €.

3 ⑦

4 + ____ = 7   1 + ____ = 7
6 + ____ = 7   0 + ____ = 7
2 + ____ = 7   3 + ____ = 7

4 ⑧

2 + ____ = 8   6 + ____ = 8
0 + ____ = 8   1 + ____ = 8
4 + ____ = 8   3 + ____ = 8

5 5 + ____ = 10   5 + ____ = 8
5 + ____ = 9   5 + ____ = 7

6 4 + ____ = 10   4 + ____ = 8
4 + ____ = 9   4 + ____ = 7

1 Gesamtpreis eintragen.   **2** Preise eintragen, legen und zeichnen. Gesamtpreis ermitteln und eintragen.

1

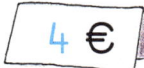 4 €   5 €

__4__ € + __5__ € = ____ €

Es kostet ____ €.

2

____ €   ____ €

____ € + ____ € = ____ €

Es kostet ____ €.

3

____ €   ____ €

____ € + ____ € = ____ €

Es kostet ____ €.

4

____ €   ____ €   ____ €

____ € + ____ € + ____ € = ____ €

Es kostet ____ €.

5 10 + 2 = ____
    10 + 8 = ____
    10 + 10 = ____

6 10 + 3 = ____
    10 + 7 = ____
    10 + 9 = ____

7 4 + 10 = ____
    1 + 10 = ____
    6 + 10 = ____

8 10 − 4 = ____
    10 − 9 = ____
    10 − 2 = ____

9 10 − 10 = ____
    10 − 7 = ____
    10 − 6 = ____

10 18 − 10 = ____
    13 − 10 = ____
    15 − 10 = ____

1 – **4** Preise eintragen, legen und zeichnen. Gesamtpreis berechnen und eintragen.

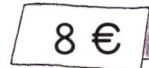
8 €

__10__ € − __8__ € = __2__ €
__2__ € zurück.

1
2 €

___ € − ___ € = ___ €
___ € zurück.

2
4 €

___ € − ___ € = ___ €
___ € zurück.

3
3 €

___ € − ___ € = ___ €
___ € zurück.

4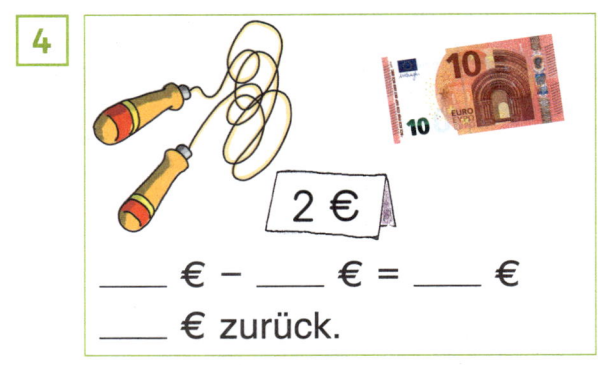
2 €

___ € − ___ € = ___ €
___ € zurück.

5
4 €

___ € − ___ € = ___ €
___ € zurück.

6
6 €

___ € − ___ € = ___ €
___ € zurück.

7 2 + ___ = 10
7 + ___ = 10
5 + ___ = 10

8 3 + ___ = 10
1 + ___ = 10
6 + ___ = 10

9 12 − ___ = 10
16 − ___ = 10
20 − ___ = 10

1 − **6** Nachspielen, Rückgeld berechnen und zurückgegebenen Betrag eintragen.

Immer 3

Immer 4

1 6 €

2 2

2

2 5 €

3 8 €

4 12 €

1 – 4 Münzen oder Scheine zeichnen: links drei, rechts vier.
Nach dieser Seite empfiehlt sich Diagnosetest D14.

Spiegeln

Mit dem Spiegel: Vergrößern, verkleinern. Fertigmachen, was angefangen ist. Das Fenster schließen ...

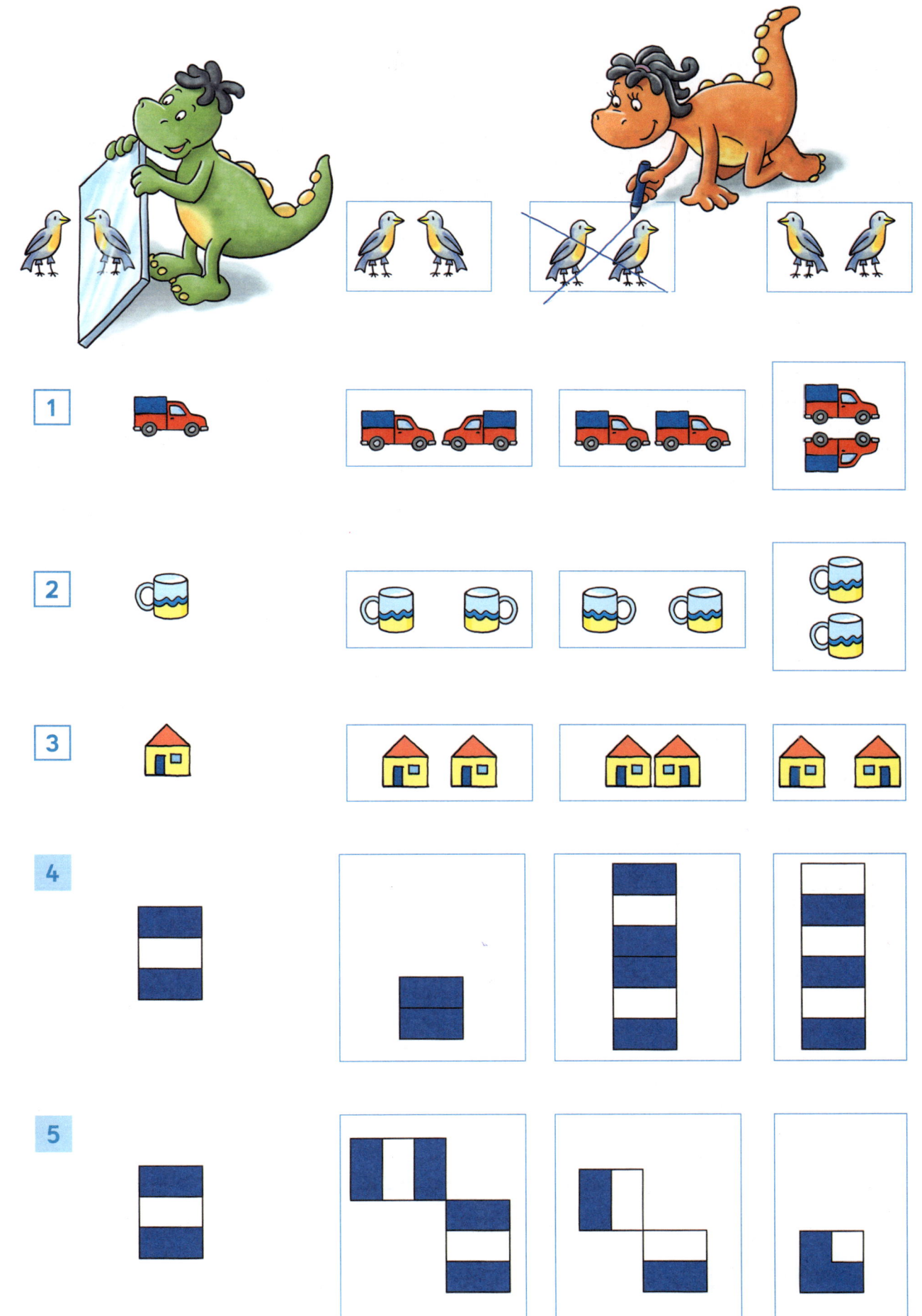

1

2

3

4

5

1 – 5 Spiegelbilder erzeugen. Ein Bild ist falsch. Falsches Bild durchstreichen.

1

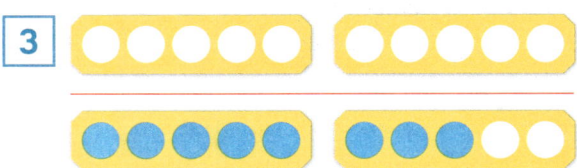

Das Doppelte von 6 ist 12.

6 + 6 = _____

2

_____ + _____ = _____

3

_____ + _____ = _____

4

_____ + _____ = _____

5

_____ + _____ = _____

6 1 + 1 = _____   2 + 2 = _____   3 + 3 = _____   4 + 4 = _____

6 + 6 = _____   7 + 7 = _____   8 + 8 = _____   9 + 9 = _____

7

Zahl				
das Doppelte	10	16	12	20

Zahl				
die Hälfte	4	7	8	9

8

7 7

_____

_____

8 8

_____

_____

9

18

_____

_____

10 18 − 9 = _____   14 − 7 = _____   16 − 8 = _____   12 − 6 = _____

2 – 4 Spiegelbild malen. Aufgabe schreiben.   5 Eigene Aufgabe malen und schreiben.
8 – 9 Pluminchen: Aufgabe und Umkehraufgabe schreiben.

1 + 1 = _____

Die Henne legt ein Ei.

2 + 2 = _____

Das weiß doch jedes Tier.

3 + 3 = _____

So zaubert flink die Hex.

4 + 4 = _____

Die Affenbande lacht.

5 + 5 = _____

Die Enten finden's schön.

6 + 6 = _____

Da heulen alle Wölf.

7 + 7 = _____

Die Bären vor der Tür stehn.

8 + 8 = _____

Die Kühe müssen wegsehn.

9 + 9 = _____

Die Eulen können bei Nacht sehn.

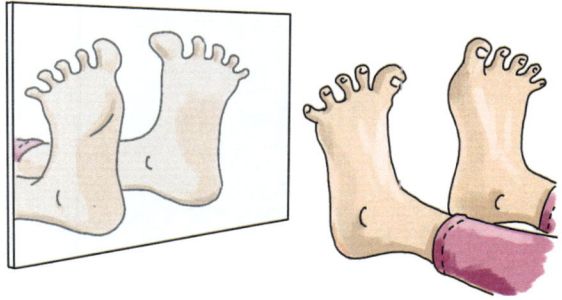

10 + 10 = _____

sagt Tina und entspannt sich.

Nach dieser Seite empfiehlt sich Diagnosetest D15.

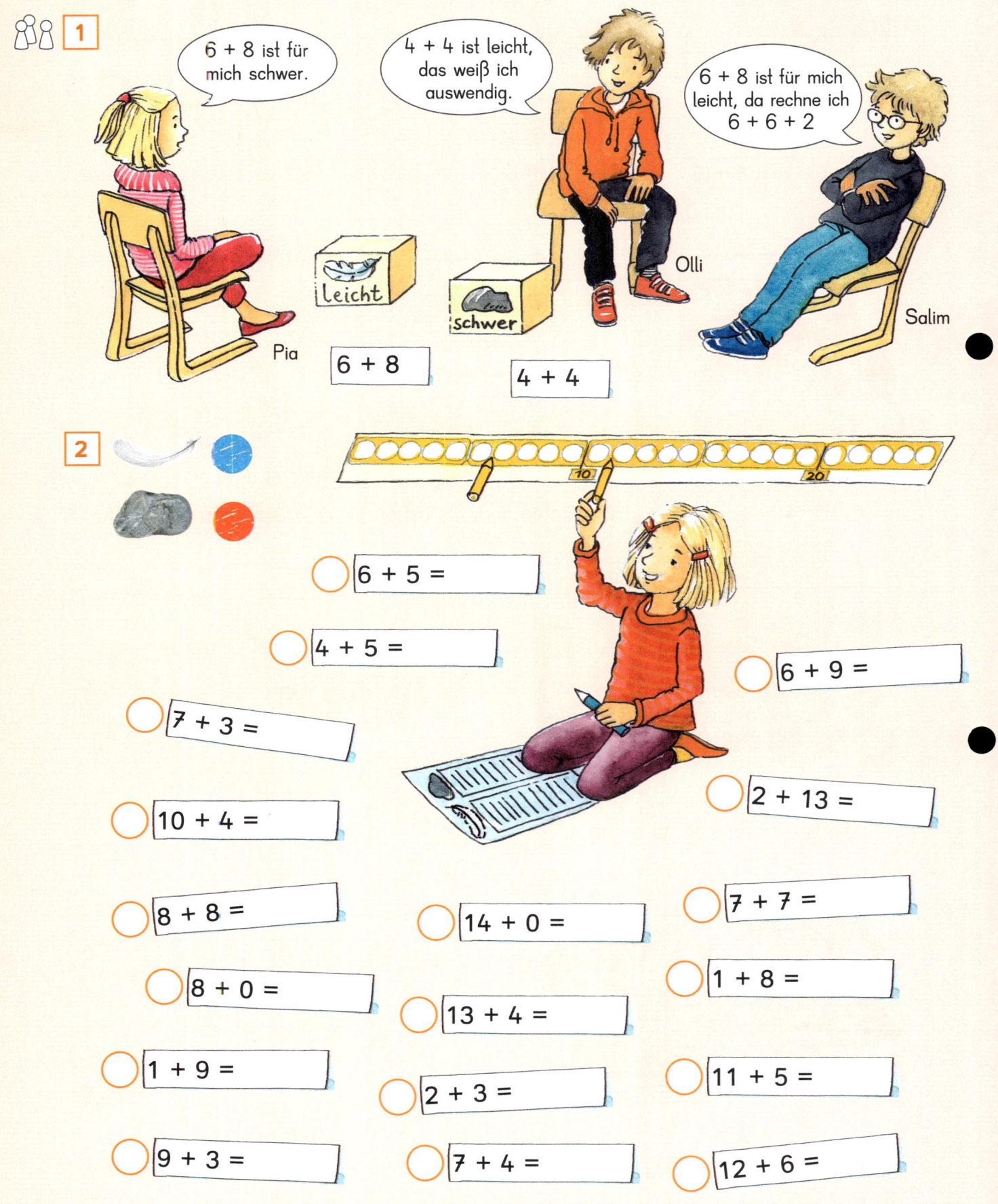

1

6 + 8 ist für mich schwer.

4 + 4 ist leicht, das weiß ich auswendig.

6 + 8 ist für mich leicht, da rechne ich 6 + 6 + 2

leicht

schwer

Olli

Salim

Pia

6 + 8

4 + 4

2

6 + 5 =

4 + 5 =

6 + 9 =

7 + 3 =

2 + 13 =

10 + 4 =

8 + 8 =

14 + 0 =

7 + 7 =

8 + 0 =

13 + 4 =

1 + 8 =

1 + 9 =

2 + 3 =

11 + 5 =

9 + 3 =

7 + 4 =

12 + 6 =

2 Entscheide selbst: leichte Aufgabe oder schwere Aufgabe? Leichte Aufgaben blau färben, schwere Aufgaben rot färben.

1 Schreibe leichte und schwere Aufgaben auf.

_____   _____
_____   _____
_____   _____
_____   _____
_____   _____
_____   _____

2 Findet Plus-Aufgaben, in denen die Zahl 7 vorkommt.

7 + 0 =

1 + 7 =

7 + 1 =

2 + 5 =

Ich bin gespannt, wie viele Plus-Aufgaben ihr mit der Zahl 7 findet!

Wie geht Zahlix vor?

Wie geht ihr vor?

Welche Aufgaben sind leicht? Welche Aufgaben sind schwer?

2 Für die Kinder Papierstreifen zum Notieren der Aufgaben bereithalten.

1

Große Schwester

Kleine Schwester

15 + 3 = _____

5 + 3 = 8

2
14 + 3 = _____   15 + 2 = _____   16 + 3 = _____   14 + 4 = _____
  4 + 3 = __7__   5 + 2 = _____   6 + 3 = _____   4 + 4 = _____

3
12 + 6 = _____   13 + 5 = _____   11 + 8 = _____   12 + 7 = _____
  2 + 6 = _____   3 + 5 = _____   1 + 8 = _____   2 + 7 = _____

4
17 + 3 = _____   16 + 2 = _____   13 + 3 = _____   12 + 4 = _____
  7 + 3 _____   _____   _____   _____

5
16 + 4 = _____   14 + 5 = _____   12 + 5 = _____   11 + 7 = _____
_____   _____   _____   _____

 6 11 + 6   **7** 12 + 7
        18 + 2   15 + 5
        14 + 6   14 + 2
        13 + 4   17 + 3

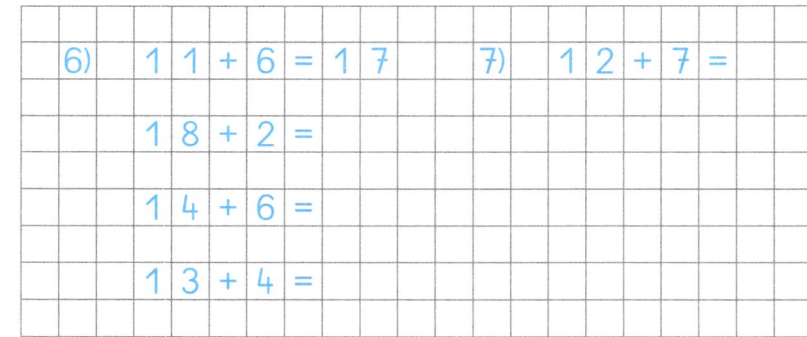

6) 1 1 + 6 = 1 7   7) 1 2 + 7 =

    1 8 + 2 =

    1 4 + 6 =

    1 3 + 4 =

 8 13 + 2   **9** 11 + 7   **10** 15 + 4   **11** 14 + 2   **12** 13 + 2 + 2
        12 + 4   12 + 8   13 + 3   17 + 3   11 + 5 + 3
        11 + 3   13 + 6   17 + 2   11 + 4   14 + 3 + 2
        15 + 2   16 + 4   11 + 5   12 + 5   12 + 2 + 6

6 – **7** Aufgaben ins Heft übertragen und lösen.
8 – **12** Im Kopf d e „kleine Schwester" rechnen, ins Heft die „große Schwester" schreiben.

1

Ich rechne zuerst die Tauschaufgabe.

3 + 16 = ____
16 + 3 = ____

Ich denke an die kleine Schwester.

2

3 + 12 = ____   6 + 12 = ____   8 + 11 = ____   4 + 16 = ____

12 + 3 = ____   12 + 6 = ____   11 + 8 = ____   16 + 4 = ____

3

2 + 17 = ____   1 + 14 = ____   6 + 11 = ____   7 + 12 = ____

17 + 2 ____   ____   ____   ____

4

4 + 12 = ____   3 + 16 = ____   2 + 15 = ____   3 + 17 = ____

____   ____   ____   ____

5
1 + 18
5 + 15
3 + 12
4 + 14

6
2 + 13
6 + 12
5 + 14
7 + 13

7
4 + 13
7 + 12
1 + 19
6 + 13

8
2 + 12
4 + 16
3 + 13
7 + 11

9
9 + 11
2 + 17
8 + 11
8 + 12

10 | 13 | 6 |

11 | 2 | 15 |

12 | 4 | 15 |

13 | 12 | 4 |

14 | 11 | 2 | 3 |

15 | 5 | 1 | 12 |

16 | 3 | 2 | 13 |

17 3 + ____ = 7
7 + ____ = 9
1 + ____ = 8

18 2 + ____ = 5
6 + ____ = 9
4 + ____ = 4

19 ____ + 5 = 8
____ + 1 = 5
____ + 3 = 10

20 ____ + 2 = 4
____ + 3 = 6
____ + 4 = 8

5 – 9 Im Kopf die Tauschaufgabe rechnen. **10 – 16** Zahlenmauern: Benachbarte Zahlen addieren.
Das Ergebnis in die Mitte darüber schreiben. Nach dieser Seite empfiehlt sich Diagnosetest D16.

1

8 + 8 = 16
dann 1 weniger.

8 + 7

7 + 7 = 14
dann 1 mehr.

Erst 2 bis 10,
dann 5 weiter.

Leonie

Kai

Marie

10 20

2 7 + 6

3 8 + 6

4
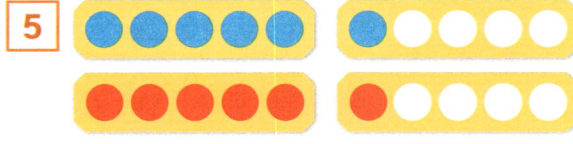

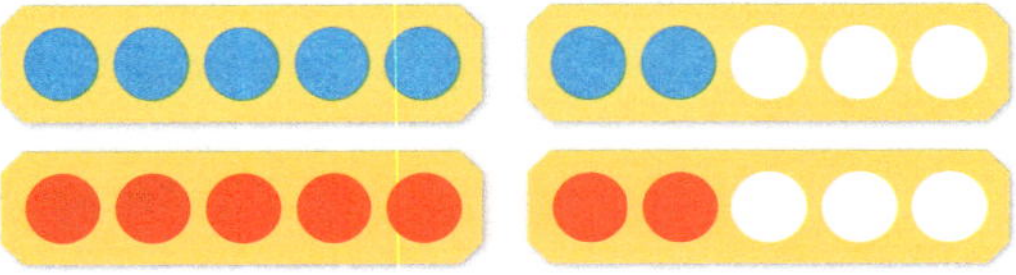

7 + 7 = _____

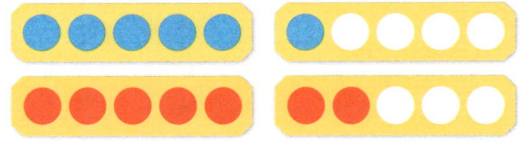

7 + 8 = _____

5

_____

_____

6

_____

_____

7 5 + 5	**8** 10 + 10	**9** 5 + 6	**10** 7 + 6	**11** 9 + 8
6 + 6	9 + 9	6 + 7	6 + 5	7 + 8
7 + 7	8 + 8	8 + 9	8 + 7	6 + 8

90

1 Rechenkonferenz: Über Lösungswege sprechen.
2 – **3** Eigene Lösungswege aufschreiben.

1

$8 + 6 = $ _____

6

$1 + 5 = 6$
$2 + 4 = 6$
$3 + 3 = 6$
$4 + 2 = 6$
$5 + 1 = 6$

Erst 2 bis 10, dann noch 4.

2 $7 + 6 = $ _____

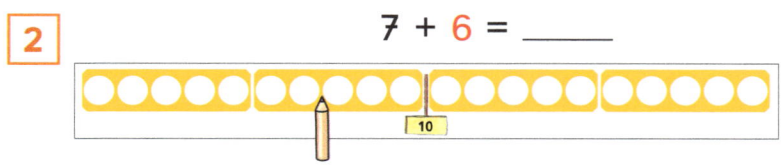 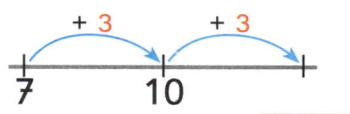

3 $9 + 6 = $ _____

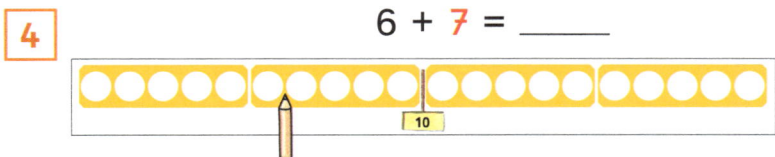 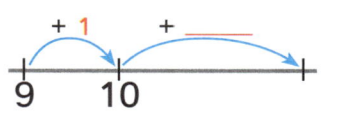

4 $6 + 7 = $ _____

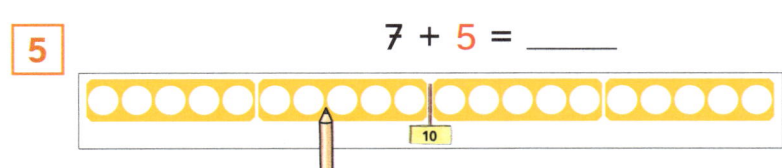 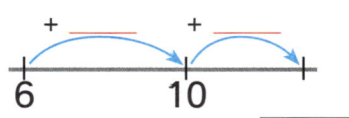

5 $7 + 5 = $ _____

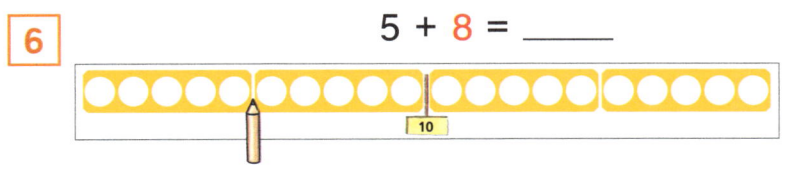 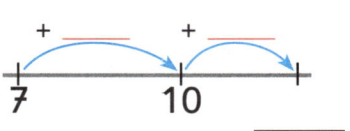

6 $5 + 8 = $ _____

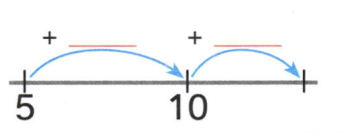

Wortspeicher nutzen.   **1** – **6** Am Rechenstrich lösen.

1 5 + 6 = ____

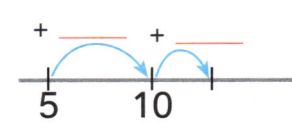

9 + 6 = ____

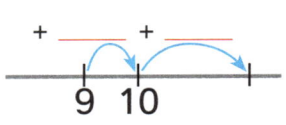

2 8 + 6 = ____

___|___
10

6 + 6 = ____

___|___
10

3 9 + 8 = ____

___|___
10

3 + 8 = ____

___|___
10

4 8 + 8 = ____

___|___
10

4 + 8 = ____

___|___
10

5 9 + 7 = ____

___|___
10

5 + 7 = ____

___|___
10

6 8 + 7 = ____

___|___
10

7 + 7 = ____

___|___
10

7
8 + 5
9 + 5
6 + 5

8
9 + 4
6 + 4
7 + 4

9
8 + 4
8 + 6
8 + 3

10
5 + 8
5 + 6
5 + 9

11
7 + 3
7 + 6
7 + 8

12

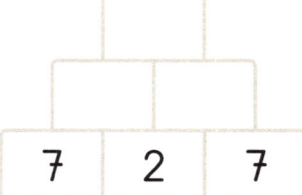

9 3 2

3 4 9

6 2 9

13

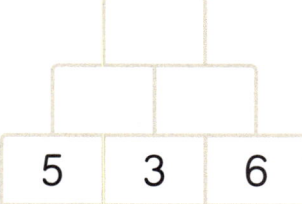

7 2 7

5 3 6

3 4 5

1 – 2 Immer + 6. 3 – 4 Immer + 8. 5 – 6 Immer + 7.
12 – 13 Zahlenmauern: Benachbarte Zahlen addieren. Das Ergebnis in die Mitte darüber schreiben.

1 Wie rechnet Jana?
Warum darf sie
so rechnen?

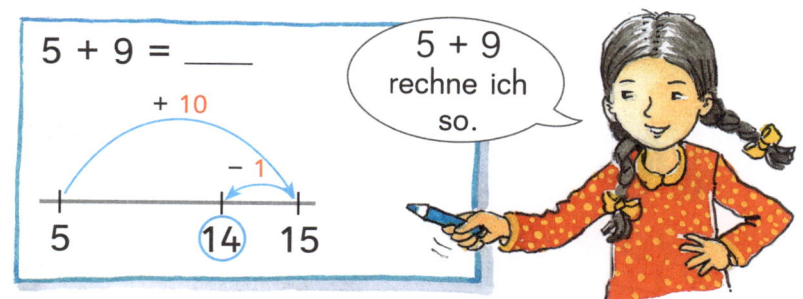

$5 + 9 = \_\_\_\_$

5   14   15

5 + 9
rechne ich
so.

2 Rechne wie Jana.

$4 + 9 = \_\_\_\_$ $7 + 9 = \_\_\_\_$

4

$8 + 9 = \_\_\_\_$ $5 + 8 = \_\_\_\_$

 3 Erfinde Aufgaben, bei denen du so rechnen kannst wie Jana.

4 $4 + 9 = \_\_\_\_$ $6 + 9 = \_\_\_\_$ $8 + 9 = \_\_\_\_$ $7 + 9 = \_\_\_\_$
    $4 + 10 = \;\; 14$

5 $9 + 8 = \_\_\_\_$ $9 + 7 = \_\_\_\_$ $9 + 5 = \_\_\_\_$ $9 + 9 = \_\_\_\_$
    $10 + 8 =$

6 $2 + 9 = \_\_\_\_$ **7** $14 + 3 = \_\_\_\_$ **8** $10 + 7 = \_\_\_\_$ **9** $\_\_\_ + 9 = \_\_\_$
    $4 + 4 = \_\_\_\_$ $3 + 9 = \_\_\_\_$ $9 + 9 = \_\_\_\_$ $\_\_\_ + 9 = \_\_\_$
    $8 + 6 = \_\_\_\_$ $11 + 6 = \_\_\_\_$ $0 + 8 = \_\_\_\_$ $\_\_\_ + 9 = \_\_\_$

 10 $9 + 4$ **11** $6 + 6$ **12** $10 + 6$ **13** $6 + 11$ **14** $15 + 5$
       $8 + 9$ $7 + 9$ $12 + 3$ $7 + 12$ $5 + 9$
       $7 + 7$ $3 + 8$ $14 + 5$ $3 + 17$ $8 + 8$

15 Was hat Zahlix falsch gemacht? Rechne richtig.

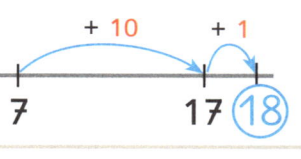 

$7 + 9$

7   17   18

$7 + 9$

Rechenstrategien beim Addieren

1 Erkläre, wie die Kinder rechnen.

2 Wie rechnet Sofie? Zeichne und rechne.

3 + 9 = ____

6 + 8 = ____

_____

_____

3 Wie rechnet Finn?

4 + 11 = ____   3 + 14 = ____   2 + 16 = ____   5 + 13 = ____

_____   _____   _____   _____

4 Erfinde weitere Aufgaben, die zu Finns Rechenweg passen.

5 Wie rechnet Dilek?

8 + 9 = ____

6 + 8 = ____

_____

_____

6 Wie rechnest du?   7 + 6   Wie rechnet dein Partner?

Mein Rechenweg: Rechenweg von: _____

1 Rechenkonferenz: Über die verschiedenen Lösungswege sprechen.
4 Eigene Aufgaben erfinden, die sich leicht mit Hilfe der Tauschaufgabe lösen lassen.

1 Wie rechnest du?

16 + 3	8 + 8	7 + 4	14 + 5
5 + 7	9 + 5	3 + 13	3 + 9
12 + 7	4 + 15	5 + 11	13 + 4

Denke auch an die kleine Schwester.

2 Mit welchem Rechenweg löst du die Aufgabe? Kreuze an.

7 + 5

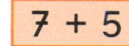

7   10 ____

7   14 ____

6 + 9

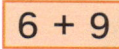

6   10 ____

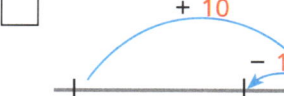

6   16 ____

6 + 8

6   12 ____

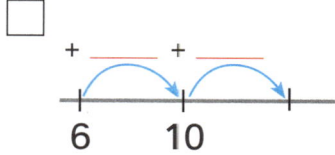

6   10 ____

3 Mit welchem Rechenweg löst du die Aufgabe? Kreuze an.

9 + 6
- ☐ 10 + 6 − 1 = ____
- ☐ 9 + 5 + 1 = ____
- ☐ 9 + 1 + 5 = ____
- ☐ ____

7 + 8
- ☐ 7 + 4 + 4 = ____
- ☐ 7 + 7 + 1 = ____
- ☐ 7 + 3 + 5 = ____
- ☐ ____

4 + 9
- ☐ 9 + 1 + 3 = ____
- ☐ 4 + 6 + 3 = ____
- ☐ 4 + 10 − 1 = ____
- ☐ ____

4

Achtung! Nun erst bis 20!

18 + 4 = ____

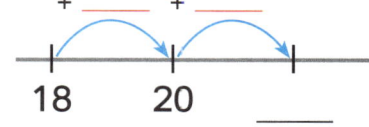

18   20 ____

19 + 6 = ____

19   20 ____

15 + 9 = ____

1 Aufgaben im Heft bearbeiten und verschiedene Rechenstrategien nutzen. **2** – **3** Zahlenblick schä-fen. Gegebenenfalls eigenen Rechenweg aufschreiben. Nach dieser Seite empfiehlt sich Diagnosetest D17.

95

1

15 – 6 ist für mich leicht, weil ich weiß, was 15 – 5 ergibt.

Anna

15 – 6 ist für mich schwer.

10 – 5 ist leicht, das weiß ich auswendig.

Daniel

leicht

15 – 6

schwer

10 – 5

Lukas

2

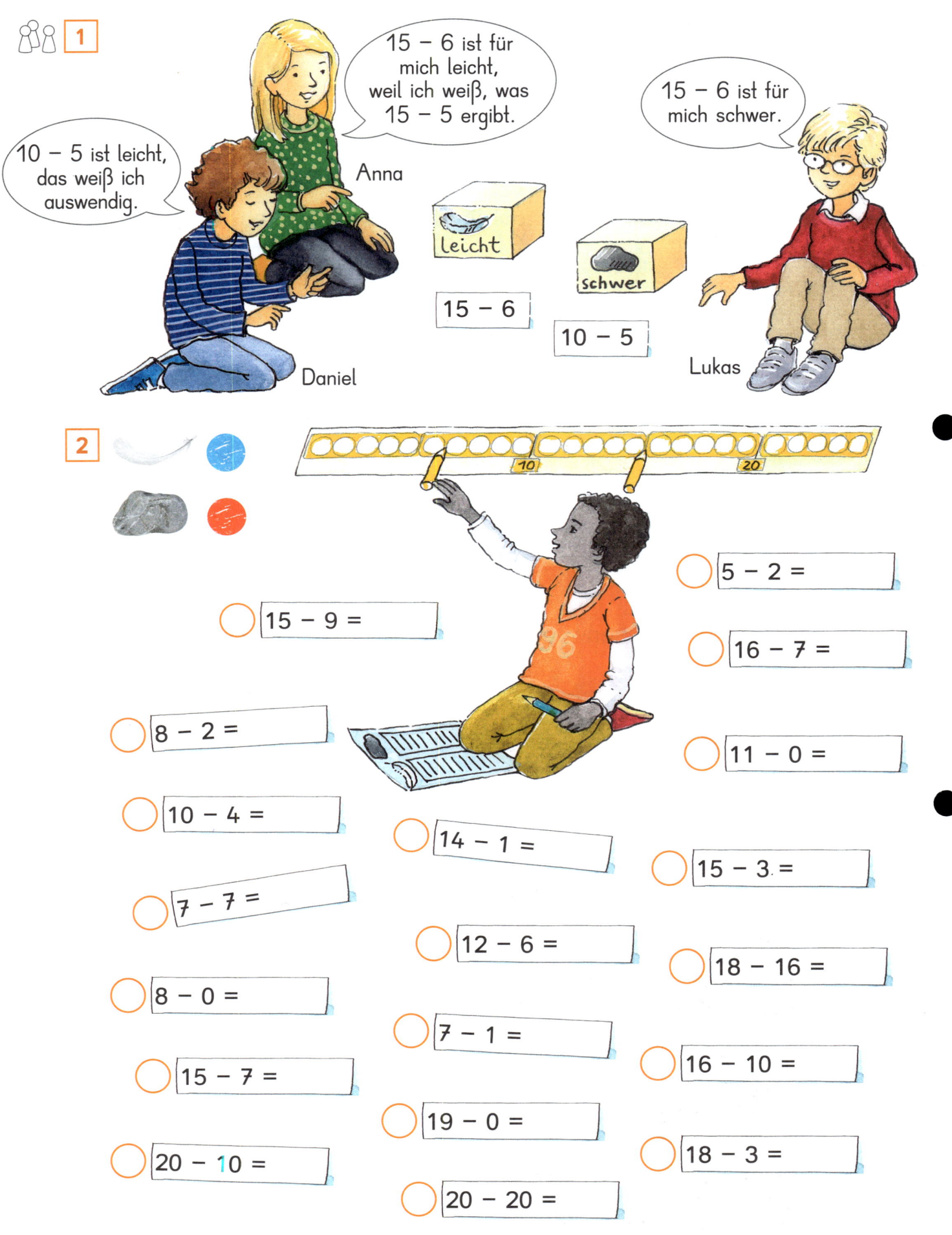

5 – 2 =

15 – 9 =

16 – 7 =

8 – 2 =

11 – 0 =

10 – 4 =

14 – 1 =

15 – 3 =

7 – 7 =

12 – 6 =

18 – 16 =

8 – 0 =

7 – 1 =

15 – 7 =

16 – 10 =

19 – 0 =

20 – 10 =

18 – 3 =

20 – 20 =

2 Entscheide selbst: leichte Aufgabe oder schwere Aufgabe? Leichte Aufgaben blau färben, schwere Aufgaben rot färben.

1 Schreibe leichte und schwere Aufgaben auf.

2 Findet Minus-Aufgaben, in denen die Zahl 5 vorkommt.

5 − 0 =

6 − 5 =

5 − 1 =

7 − 2 =

Ich bin gespannt, wie viele Minus-Aufgaben ihr mit der Zahl 5 findet!

Wie geht Zahline vor?

Wie geht ihr vor?

Welche Aufgaben sind leicht?
Welche Aufgaben sind schwer?

2 Für die Kinder Papierstreifen zum Notieren der Aufgaben bereithalten.

1

16 – 4 = ____
6 – 4 =   2

2 14 – 3 = ____   16 – 3 = ____   15 – 4 = ____   17 – 2 = ____

   4 – 3 = _1_   6 – 3 = ____   5 – 4 = ____   7 – 2 = ____

3 18 – 6 = ____   18 – 5 = ____   19 – 5 = ____   17 – 4 = ____

   8 – 6 = ____   8 – 5 = ____   9 – 5 = ____   7 – 4 = ____

4 13 – 2   **5** 12 – 2   **6** 18 – 3   **7** 19 – 7   **8** 17 – 2 – 2
   17 – 3   14 – 2   19 – 6   15 – 3   16 – 1 – 4
   18 – 4   15 – 4   16 – 4   18 – 2   18 – 3 – 4
   19 – 2   16 – 2   17 – 6   17 – 5   20 – 5 – 3

9 17 – 1 = ____   **10** 19 – 3 = ____   **11** 18 – 5 = ____
   17 – 2 = ____   19 – 4 = ____   18 – 6 = ____
   17 – 3 = ____   _____   _____
   17 – 4 = ____   _____   _____

12 15 – 4 = ____   **13** 16 – 5 = ____   **14** 17 – 7 = ____
   16 – 4 = ____   17 – 5 = ____   18 – 7 = ____
   17 – 4 = ____   18 – 5 = ____   _____
   _____   _____   _____

98

Schrittweises Subtrahieren am Rechenstrich

1

12 − 7 = _____

Erst 2 bis 10, dann noch 5.

7

1 + 6 = 7
2 + 5 = 7
3 + 4 = 7
4 + 3 = 7
5 + 2 = 7
6 + 1 = 7

2 13 − 7 = ____

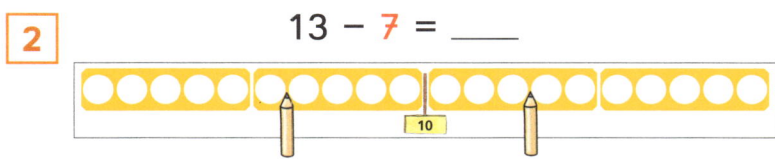 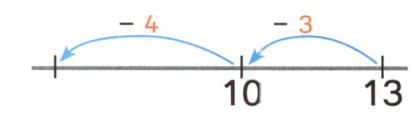

3 15 − 7 = ____

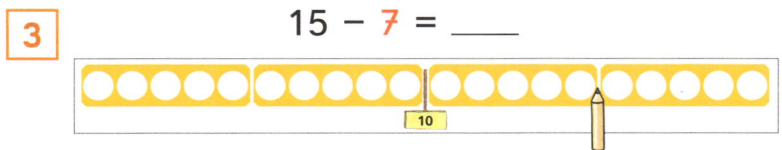 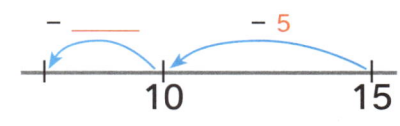

4 12 − 6 = ____

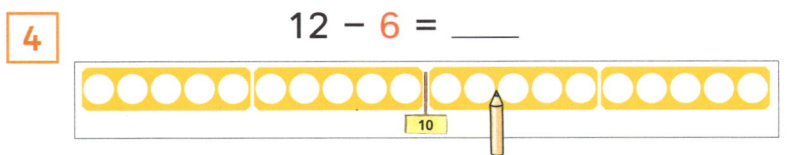 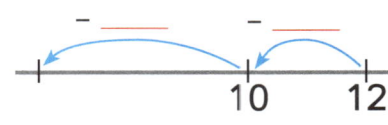

5 11 − 4 = ____

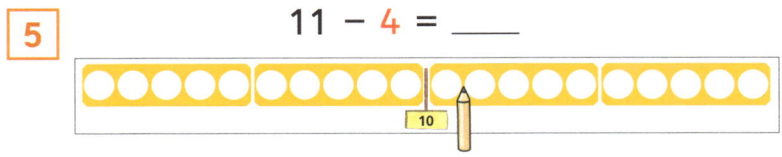 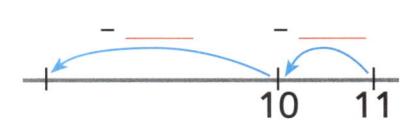

6 16 − 8 = ____

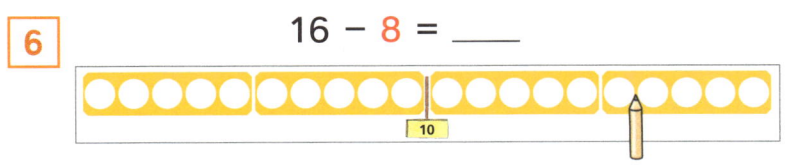 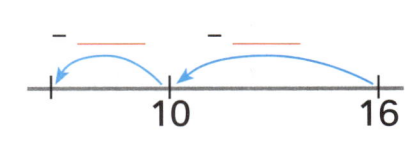

1 – 6 Am Rechenstrich lösen.

1   16 − 7 = ____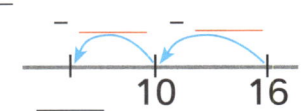

       11 − 7 = ____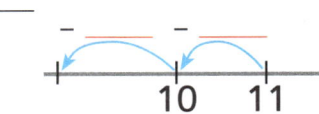

2   13 − 7 = ____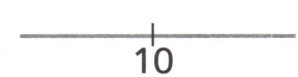

       15 − 7 = ____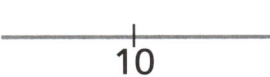

3   14 − 5 = ____

       11 − 5 = ____

4   13 − 5 = ____

       12 − 5 = ____

5   11 − 8 = ____

       16 − 8 = ____

6   15 − 8 = ____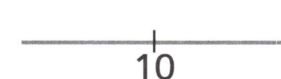

       13 − 8 = ____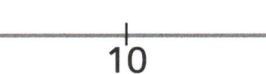

7	**8**	**9**	**10**	**11**
13 − 6	13 − 4	12 − 6	14 − 4	16 − 6
15 − 6	11 − 4	12 − 7	14 − 6	16 − 7
11 − 6	12 − 4	12 − 8	14 − 8	16 − 8

12

   12   9   10   14   15   10   13   8

13

   17   9   12   7   4   11   14   9

1 − **2** Immer − 7.   **3** − **4** Immer − 5.   **5** − **6** Immer − 8.   **12** − **13** Minus-Trauben: Benachbarte Zahlen subtrahieren. Das Ergebnis in die Mitte darunter schreiben. Eine Traube ist faul: Durchstreichen.

1 Wie rechnet Tim?
Warum darf er
so rechnen?

16 − 9
rechne ich
so.

$16 - 9 = \_\_\_$

− 10

+ 1

6   7   16

2 Rechne wie Tim.

$13 - 9 = \_\_\_$ $17 - 9 = \_\_\_$

13

$14 - 9 = \_\_\_$ $14 - 8 = \_\_\_$

 3 Erfinde Aufgaben, bei denen du so rechnen kannst wie Tim.

4 $15 - 9 = \_\_\_\_$ $17 - 9 = \_\_\_\_$ $12 - 9 = \_\_\_\_$ $14 - 9 = \_\_\_\_$

$15 - 10 = \_\_\_\_$

5 $13 - 9 = \_\_\_\_$ $18 - 9 = \_\_\_\_$ $11 - 9 = \_\_\_\_$ $16 - 9 = \_\_\_\_$

6 $14 - 8 = \_\_\_\_$ **7** $10 - 9 = \_\_\_\_$ **8** $12 - 4 = \_\_\_\_$ **9** $\_\_\_ - 9 = \_\_\_$

$12 - 3 = \_\_\_\_$ $15 - 7 = \_\_\_\_$ $14 - 2 = \_\_\_\_$ $\_\_\_ - 9 = \_\_\_$

$11 - 5 = \_\_\_\_$ $20 - 6 = \_\_\_\_$ $18 - 4 = \_\_\_\_$ $\_\_\_ - 9 = \_\_\_$

10 $20 - 3$ **11** $12 - 9$ **12** $16 - 10$ **13** $11 - 10$ **14** $20 - 4$

$17 - 7$ $15 - 6$ $13 - 9$ $19 - 5$ $10 - 7$

$20 - 5$ $11 - 8$ $20 - 10$ $14 - 14$ $15 - 9$

15 Was hat Zahline falsch gemacht? Rechne richtig.

$15 - 9$

− 1   − 10

4   5   15

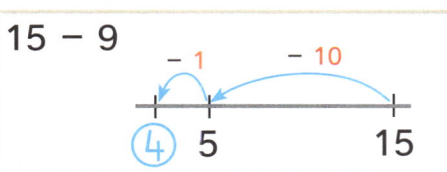

$15 - 9$

101

1 Erkläre, wie die Kinder rechnen.

Erst bis 10, dann weiter.

13 − 5

Ich weiß 8 + 5 = 13, also 13 − 5 = ____

Tom

Lea

2 Wie rechnet Tom?

13 − 7 = ____   14 − 6 = ____

_____   _____

3 Erfinde eigene Aufgaben und löse sie mit Toms Rechenweg.

4 Wie rechnet Lea?

14 − 6 = ____   15 − 8 = ____   12 − 3 = ____   16 − 7 = ____

___ + 6 = 14   ___ + 8 = 15   _____   _____

5 Wie rechnest du?

18 − 2   14 − 7   19 − 5   18 − 6
11 − 5   20 − 8   12 − 6   16 − 5
16 − 7   12 − 4   13 − 6   11 − 8

Denke auch an die kleine Schwester.

6

Achtung! Nun erst bis 20!

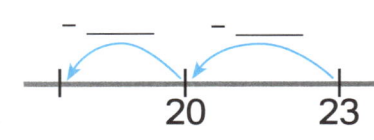

22 − 4 = ____

20   22

23 − 5 = ____

20   23

26 − 8 = ____

1 Rechenkonferenz: Über die verschiedenen Lösungswege sprechen.   **5** Aufgaben im Heft bearbeiten und verschiedene Rechenstrategien nutzen.   Nach dieser Seite empfiehlt sich Diagnosetest D18.

1
$7 + 7 =$ _14_
$8 + 7 =$ _15_
$9 + 7 =$ _16_
$10 + 7 =$ ____
____

2
$9 + 3 =$ ____
$10 + 3 =$ ____
$11 + 3 =$ ____
____
____

3
$8 + 6 =$ ____
$9 + 6 =$ ____
$10 + 6 =$ ____
____
____

4 *Regel*

Erste Zahl immer ____1 mehr____,
zweite Zahl immer ____gleich____,
Ergebnis immer _____.

5
$11 + 4 =$ ____
$10 + 5 =$ ____
$9 + 6 =$ ____
____
____

6
$9 + 9 =$ ____
$8 + 10 =$ ____
$7 + 11 =$ ____
____
____

7
$4 + 15 =$ ____
$3 + 16 =$ ____
$2 + 17 =$ ____
____
____

8 *Regel*

Erste Zahl immer ____1 weniger____,
zweite Zahl immer _____,
Ergebnis immer _____.

9
$15 - 4 =$ ____
$14 - 3 =$ ____
$13 - 2 =$ ____
____
____

10
$20 - 6 =$ ____
$19 - 5 =$ ____
$18 - 4 =$ ____
____
____

11
$14 - 7 =$ ____
$13 - 6 =$ ____
$12 - 5 =$ ____
____
____

12 *Regel*

Erste Zahl immer _____,
zweite Zahl immer _____,
Ergebnis immer _____.

Entdecker-Päckchen: Aufgabenfolgen fortsetzen. **1** – **3**, **5** – **7**, **9** – **11** Aufgabenfolgen fortsetzen.
4, **8**, **12** Wortspeicher nutzen. Regel ergänzen.

1

| 20 | 8 | 3 | | 15 | 9 | 4 | | 16 | 7 | 0 | | 19 | 6 | 2 |

2

| 17 | 7 | 6 | | 14 | 5 | 1 | | 18 | 6 | 7 | | 15 | 9 | 5 |

3

| 19 | | 2 | | 15 | | 7 | | 17 | | 3 | | 11 | | 1 |
| 12 | | | | 10 | | | | 8 | | | | 8 | |

4

| |  5 | 1 | | | 10 | 8 | | | 8 | 4 | | | 9 | 2 |
| 11 | | | | 10 | | | | 7 | | | | 5 | |

5

| | | | | | | | | | | | | | |
| 1 | | | 1 | | | 1 | | | 1 | |

Minus-Trauben: Benachbarte Zahlen subtrahieren. Das Ergebnis in die Mitte darunter schreiben.
2 – 4 Jeweils eine Traube ist faul. Durchstreichen. **5** Verschiedene Minus-Trauben finden.

1
5 + 12 = _____
2 + 6 = _____
4 + 7 = _____
6 + 5 = _____

2
17 − 5 = _____
19 − 3 = _____
18 − 6 = _____
16 − 4 = _____

3

6 + 6 = _____
7 + 6 = _____

4
11 − 5 = _____
_____|_____
       10
14 − 6 = _____
_____|_____
       10

5
7 + 5 = _____
_____|_____
       10
6 + 8 = _____
_____|_____
       10

6
17 − 6 = _____
18 − 6 = _____
19 − 6 = _____
_____

7
9 2 3

8
3 4 8

9

10

1 – **8** Aufgaben lösen. War es leicht oder schwer? **9** Eigene leichte Aufgaben schreiben. **10** Eigene schwere Aufgaben schreiben.

105

1 Kleine Häuser. Wie viele verschiedene Häuser findest du?

2 Große Häuser. Wie viele verschiedene Häuser findest du?

1 – **2** Aus mittleren Quadraten und kleinen Dreiecken verschiedene Häuser legen, Lösungen malen.

1 Marie

Welche Häuser sind doppelt?
Streiche weg.

2 Jan

Welche Häuser fehlen?
Färbe.

3 Doppelhäuser. Findest du alle?

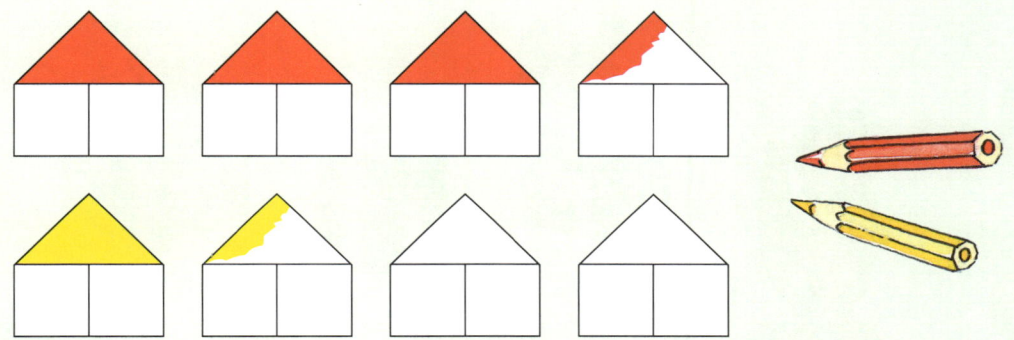

4 Hochhäuser. Wie viele verschiedene Häuser findest du?

3 Aus kleinen Quadraten und mittleren Dreiecken verschiedene Häuser legen, Lösungen malen.
4 Aus mittleren Quadraten und kleinen Dreiecken verschiedene Häuser legen, Lösungen malen.

Körper

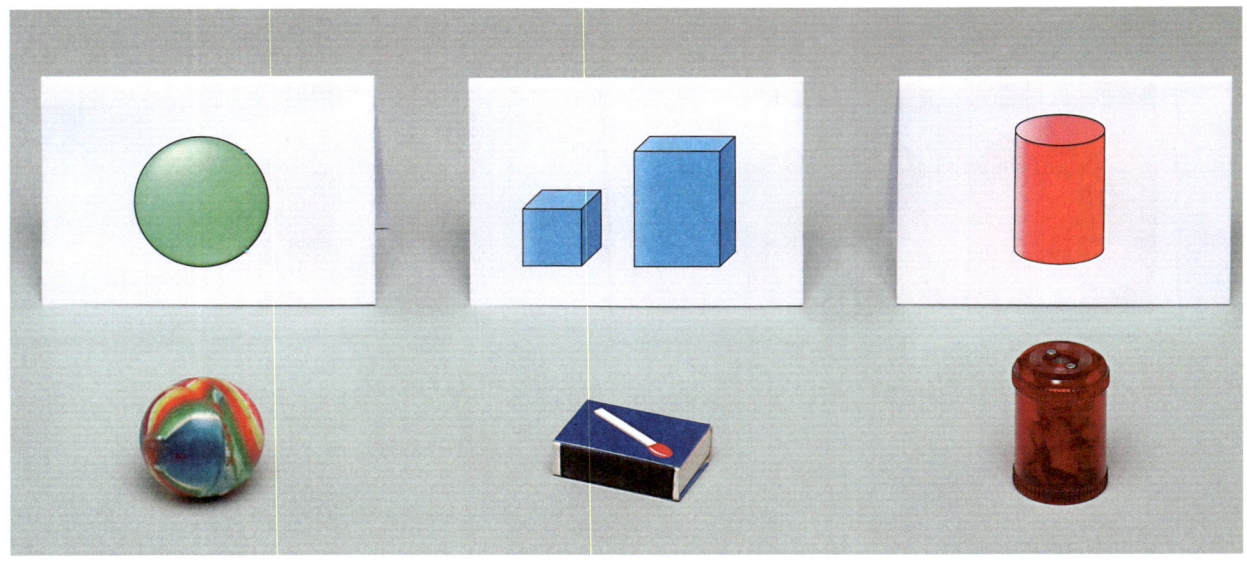

1

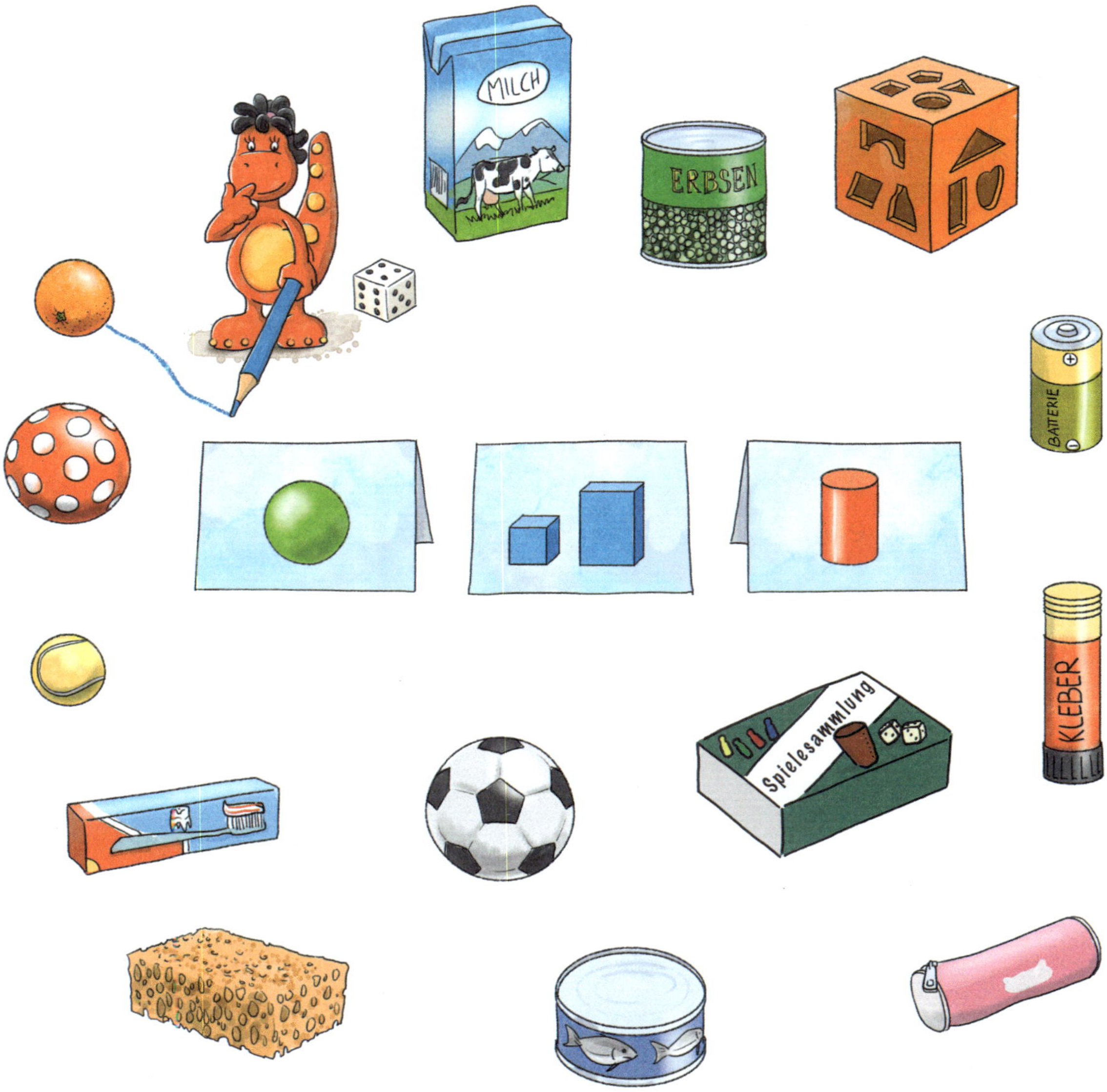

1 Gegenstand mit dem passenden Körper verbinden.

1

rollt | steht | rollt und steht

Kugel	Quader	Zylinder
	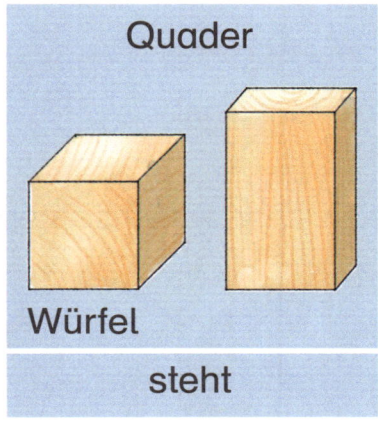 Würfel	
rollt	steht	rollt und steht

Wortspeicher nutzen.   **1**   Was passt? Verbinden.

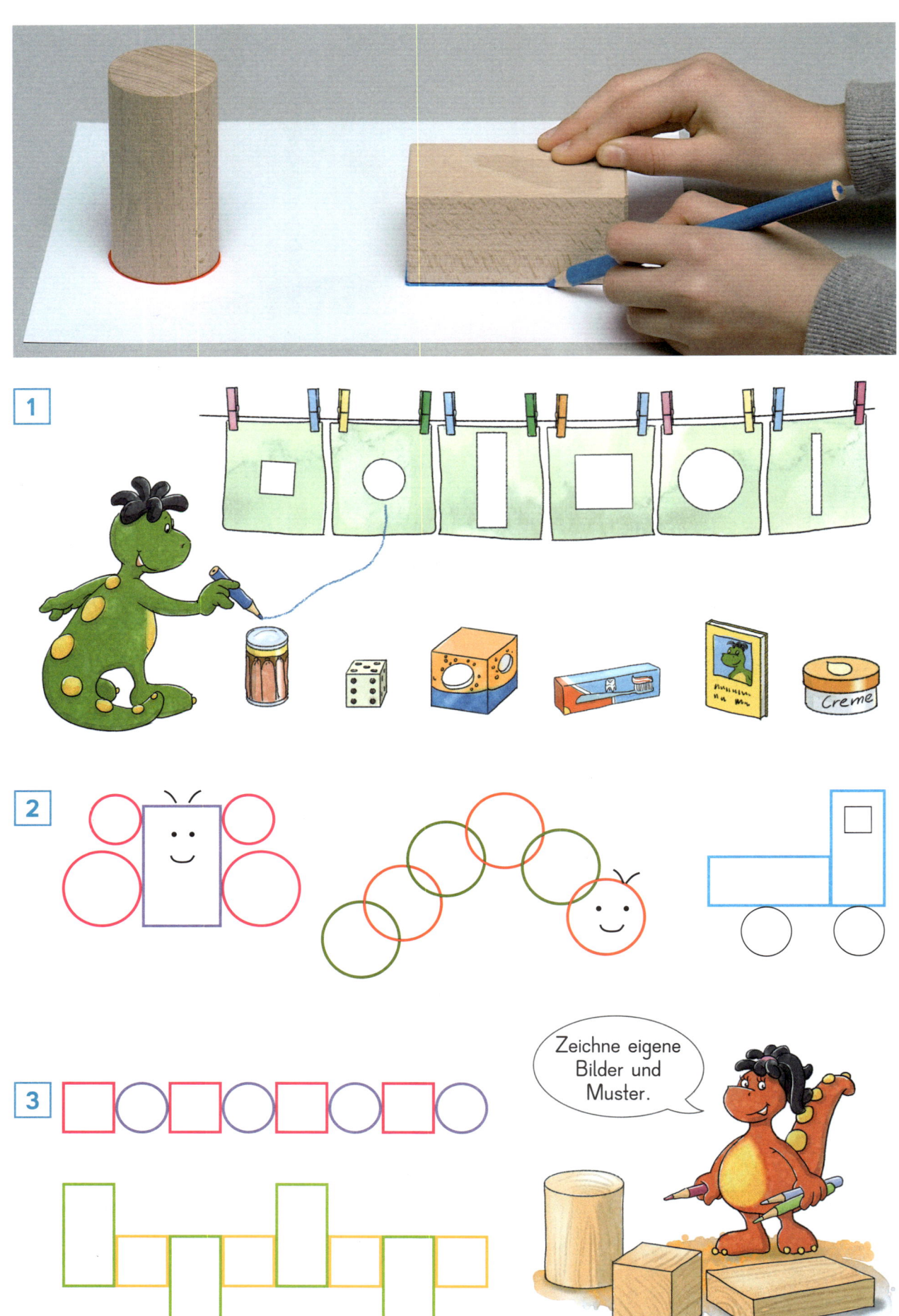

1

2

3

Zeichne eigene Bilder und Muster.

1 Welcher Körper wurde zum Zeichnen benutzt? Körper mit gezeichneter Figur verbinden.

2 – **3** Mit Schablonen Bilder und Muster zeichnen.

1

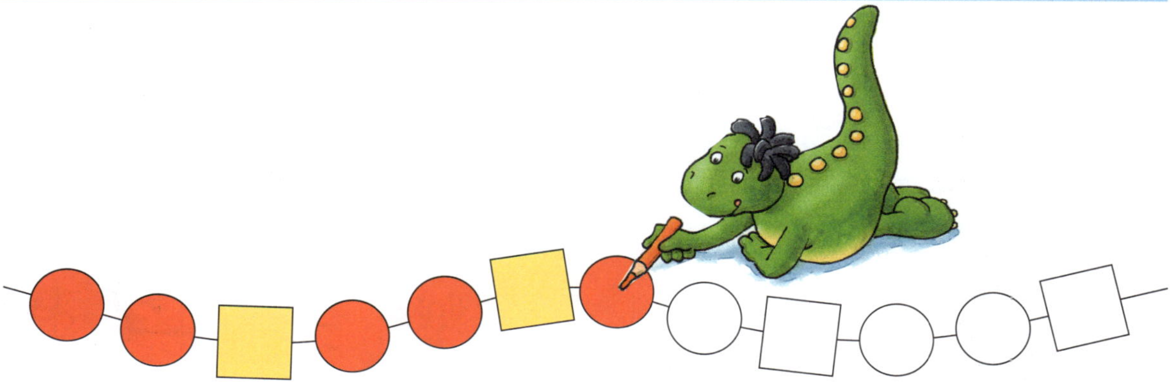

2

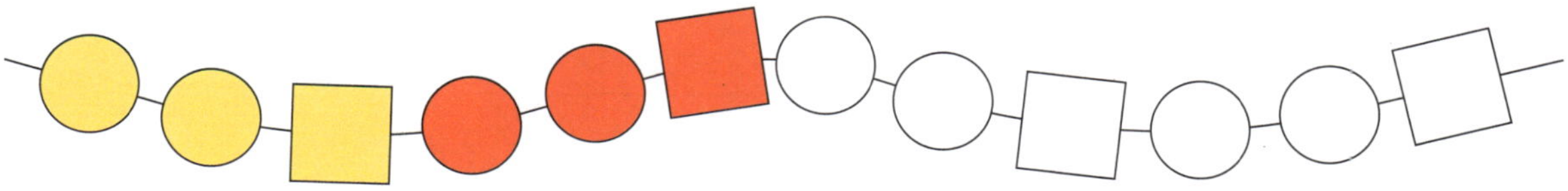

3

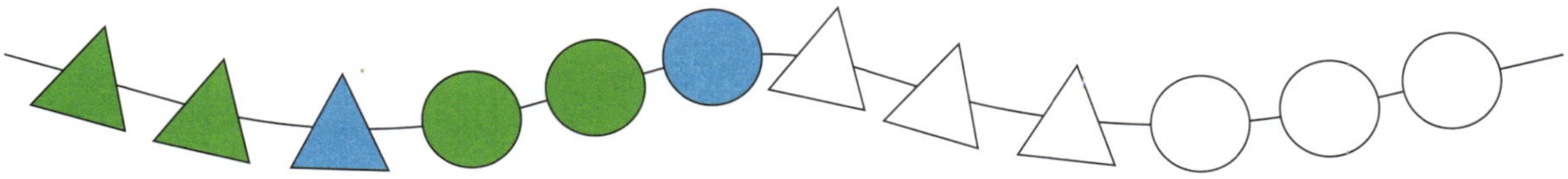

4

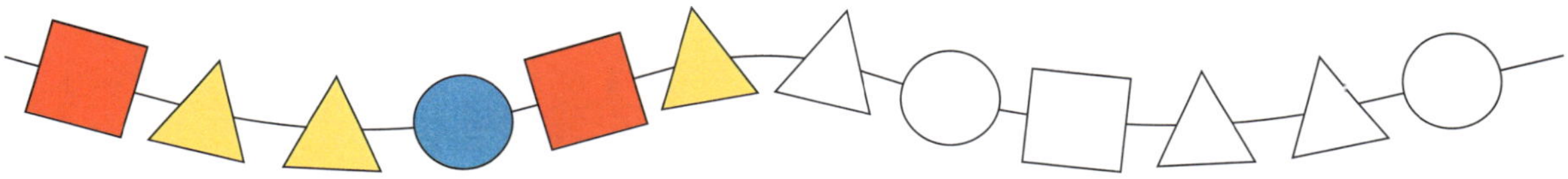

5

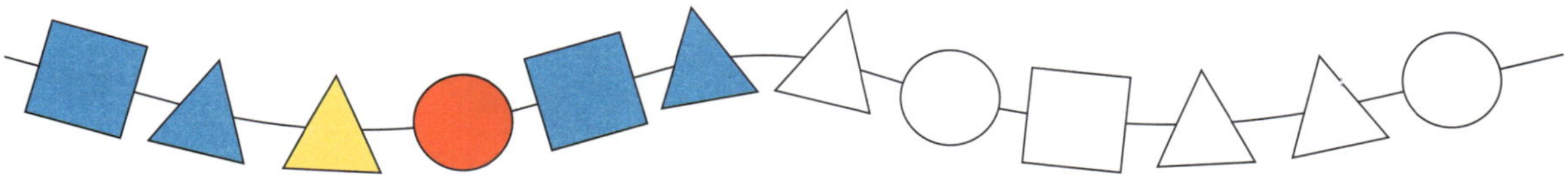

6

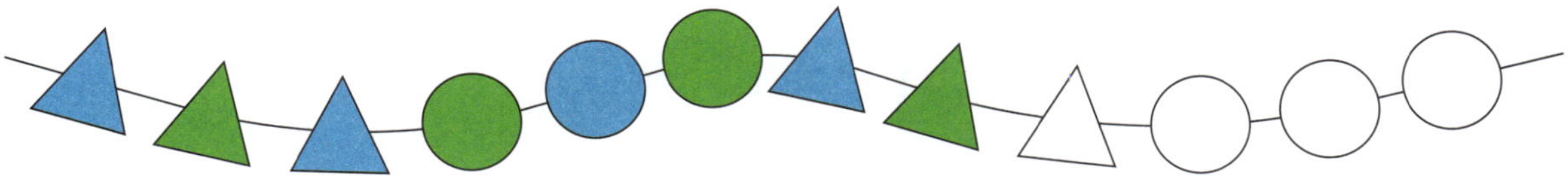

7

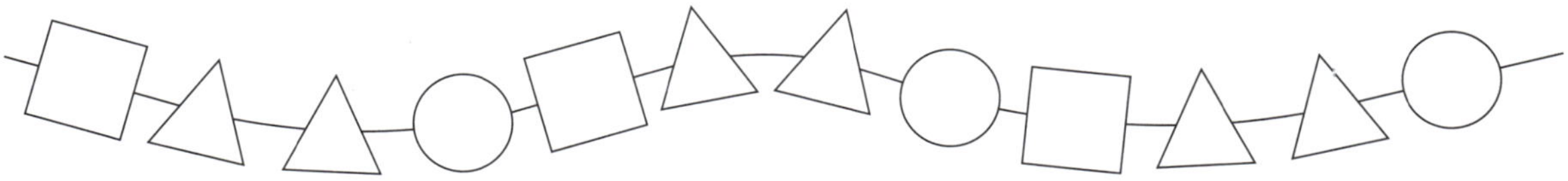

8

7 Eigenes Muster färben. **8** Eigenes Muster zeichnen und färben.

1

oben links:

oben rechts:

unten links:

unten rechts:

2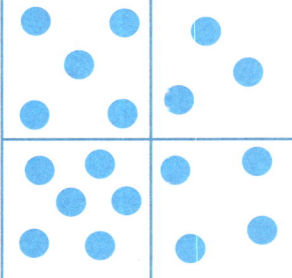

oben	oben	zusammen
links ____	rechts ____	oben ____
unten	unten	zusammen
links ____	rechts ____	unten ____
zusammen	zusammen	insgesamt
links ____	rechts ____	____

3 Zeichne und rechne.

oben	oben	zusammen
links 4	rechts 6	oben ____
unten	unten	zusammen
links 3	rechts 7	unten ____
zusammen	zusammen	insgesamt
links ____	rechts ____	____

4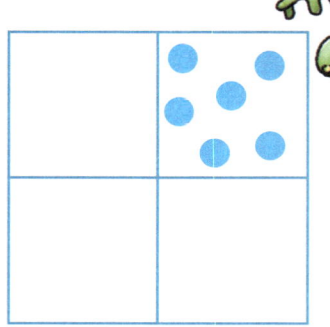

oben	oben	zusammen
links 2	rechts ____	oben ____
unten	unten	zusammen
links ____	rechts ____	unten ____
zusammen	zusammen	insgesamt
links 9	rechts 10	____

Wortspeicher nutzen. **1** Welcher der Gegenstände liegt dort? Einkreisen.

1

ist rechts von

ist rechts von

ist links von

ist links von

2

ist über

ist unter

ist über

ist unter

3

ist vor

ist auf

ist hinter

_____

_____

Wortspeicher nutzen. **1** – **2** Wo sind die Gegenstände? Einkreisen. Partnerarbeit: Weitere Beispiele finden.
3 Verbinden. Zwei weitere Beispiele finden.   Nach dieser Seite empfiehlt sich Diagnosetest D19.

Sachrechnen

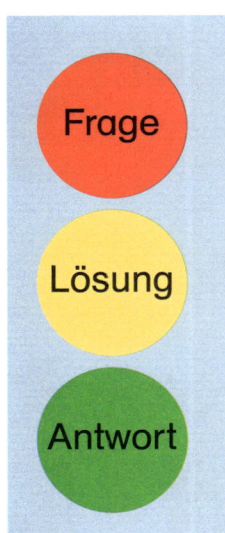

1 Zwei Kinder spielen Ball. Es kommen noch ___ Kinder dazu.

🔴 Wie viele Kinder spielen dann Ball?

🟡 2 + ___ = ___

🟢 ___ Kinder spielen dann Ball.

2 Pia hat aus Sand ___ große und ___ kleine Kuchen gebacken.

🔴 Wie viele Kuchen hat Pia insgesamt?

🟡 ___ + ___ = ___

🟢 ___ Kuchen hat Pia insgesamt.

3 Ole hat ___ Luftballons und Nala hat ___ Luftballons.

🔴 Wie viele Luftballons haben beide zusammen?

🟡 ___ + ___ = ___

🟢 ___ Luftballons haben beide zusammen.

Wortspeicher nutzen. **1** – **3** Text passend zum Bild ergänzen. Lösung und Antwort aufschreiben.

1 Vier Kinder schaukeln. ＿＿ Kinder springen ab.

🔴 Wie viele Kinder schaukeln noch weiter?

🟡 4 – ＿＿ = ＿＿

🟢 ＿＿ Kinder schaukeln noch weiter.

2 Neun Vögel suchen Futter. ＿＿ Vögel fliegen weg.

🔴 Wie viele Vögel sind noch da?

🟡 ＿＿ – ＿＿ = ＿＿

🟢 ＿＿ Vögel sind noch da.

3 Auf der Mauer waren ＿＿ Dosen. ＿＿ Dosen fallen herunter.

🔴 Wie viele Dosen stehen noch auf der Mauer?

🟡 ＿＿ – ＿＿ = ＿＿

🟢 ＿＿ Dosen stehen noch auf der Mauer.

Wortspeicher nutzen. **1** – **3** Text passend zum Bild ergänzen. Lösung und Antwort aufschreiben.
Eigene Rechengeschichten zum Thema Spielplatz erfinden.

1 Lina hat sechs lila Murmeln und zwei blaue Murmeln.

🔴 Wie viele Murmeln hat Lina?

🟡 _____

🟢 ____ Murmeln hat Lina.

2 Neun Kinder spielen miteinander. Vier Kinder gehen nach Hause.

🔴 Wie viele Kinder sind noch da?

🟡 _____

🟢 ____ Kinder sind noch da.

3 Acht Kinder spielen miteinander. Zwei Kinder gehen nach Hause.

🔴 Wie viele Kinder sind noch da?

🟡 _____

🟢 ____ Kinder sind noch da.

4 Olga hat zehn Murmeln. Tim hat sieben Murmeln.

🔴 Wie viele Murmeln hat Olga mehr?

🟡 _____

🟢 ____ Murmeln hat Olga mehr als Tim.

5

____ € + ____ € = ____ €

Es kostet ____ €.

6

____ € + ____ € = ____ €

Es kostet ____ €.

1 – **2** Lösung und Antwort aufschreiben.   **3** – **4** Eine passende Skizze zeichnen. Lösung und Antwort aufschreiben.

1 Lena bastelt eine Kette. Immer zwei Perlen braun, zwei Perlen blau.

🔴 Welche Farbe hat die 15. Perle?

🟢 Die 15. Perle ist _____.

2 Kai bastelt eine Kette. Immer drei Perlen braun, drei Perlen blau.

🔴 Welche Farbe hat die 15. Perle?

🟢 Die 15. Perle ist _____.

3 Ayse bastelt eine Kette. Immer vier Perlen blau, zwei lila.

🔴 Welche Farbe hat die 16. Perle?

🟢 Die 16. Perle ist _____.

4 Jim bastelt eine Kette. Immer drei Perlen blau, zwei braun, drei lila.

🔴 Welche Farbe hat die 15. Perle?

🟢 _____.

5

6 €

___ € – ___ € = ___ €

___ € zurück.

6

8 €

___ € – ___ € = ___ €

___ € zurück.

1 – 4 Lösung mit Skizze. Antwort aufschreiben. Nach dieser Seite empfiehlt sich Diagnosetest D20

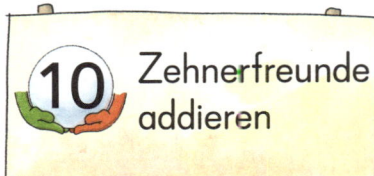

10 Zehnerfreunde addieren

1
$7 + 6 + 4 = \underline{17}$
$6 + 4 + 7 = \underline{}$
$6 + 7 + 4 = \underline{}$

Rechnen mit 10 ist leicht.

2
$3 + 7 + 5 = \underline{}$
$5 + 3 + 7 = \underline{}$
$3 + 5 + 7 = \underline{}$

3
$9 + 4 + 6 = \underline{}$
$7 + 5 + 5 = \underline{}$
$2 + 7 + 8 = \underline{}$

4
$5 + 8 + 5 = \underline{}$
$3 + 9 + 7 = \underline{}$
$8 + 7 + 2 = \underline{}$

5
$6 + 4 + 6 = \underline{}$
$3 + 7 + 9 = \underline{}$
$1 + 6 + 9 = \underline{}$

6
_____
_____
_____

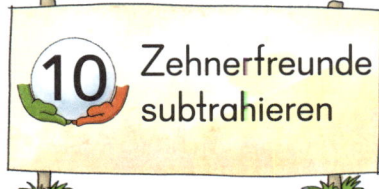

10 Zehnerfreunde subtrahieren

7
$15 - 4 - 6 = \underline{5}$
$12 - 3 - 7 = \underline{}$
$17 - 8 - 2 = \underline{}$

8
$13 - 6 - 4 = \underline{}$
$14 - 7 - 3 = \underline{}$
$16 - 2 - 8 = \underline{}$

9
$18 - 1 - 9 = \underline{}$
$14 - 6 - 4 = \underline{}$
$15 - 5 - 5 = \underline{}$

10
$18 - 3 - 7 = \underline{}$
$12 - 6 - 4 = \underline{}$
$11 - 2 - 8 = \underline{}$

11
_____
_____
_____

Wo ist die 10?

12
$16 - 6 - 3 = \underline{7}$
$12 - 5 - 2 = \underline{}$
$17 - 8 - 7 = \underline{}$

13
$11 - 8 - 1 = \underline{}$
$18 - 5 - 8 = \underline{}$
$14 - 4 - 7 = \underline{}$

14
$15 - 5 - 6 = \underline{}$
$13 - 8 - 3 = \underline{}$
$19 - 7 - 9 = \underline{}$

15
_____
_____
_____

16
$7 + 12 - 2 = \underline{}$
$6 + 14 - 4 = \underline{}$
$3 + 15 - 5 = \underline{}$

17
$12 - 2 + 4 = \underline{}$
$16 + 3 - 6 = \underline{}$
$6 + 7 + 4 = \underline{}$

18
$13 + 6 - 3 = \underline{}$
$15 - 7 - 3 = \underline{}$
$17 + 4 - 7 = \underline{}$

6, **11**, **15** Eigene Aufgaben erfinden.

1 $3 + 4 = 7$

1 + 3	=	4
1 + 4	=	5
3 + 4	=	7
___ + ___	=	7
___ + ___	=	9
6 + 4	=	10

2

6, 0, 7, 8

___ + ___ = 6
___ + ___ = 7
___ + ___ = 8
___ + ___ = 13
___ + ___ = 14
___ + ___ = 15

3

7, 10, 6, 5

___ + ___ = 11
___ + ___ = 12
___ + ___ = 13
___ + ___ = 15
___ + ___ = 16
___ + ___ = 17

4

4, 9, 6, 8

___ + ___ = 10
___ + ___ = 12
___ + ___ = 13
___ + ___ = 14
___ + ___ = 15
___ + ___ = 17

5

2, 6, 4, ☐

___ + ___ = 6
___ + ___ = 8
___ + ___ = 9
___ + ___ = 10
___ + ___ = 11
___ + ___ = 13

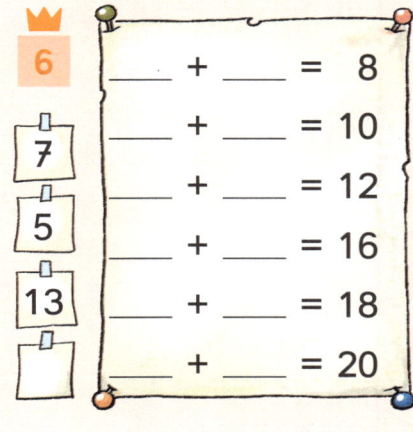

6

7, 5, 13, ☐

___ + ___ = 8
___ + ___ = 10
___ + ___ = 12
___ + ___ = 16
___ + ___ = 18
___ + ___ = 20

7

5, 6, 9, ☐

___ + ___ = 8
___ + ___ = 9
___ + ___ = 11
___ + ___ = 12
___ + ___ = 14
___ + ___ = ___

8

3, 6, ☐, ☐

___ + ___ = 3
___ + ___ = 6
___ + ___ = 8
___ + ___ = 9
___ + ___ = 11
___ + ___ = 14

9

4, 3, ☐, ☐

___ + ___ = 7
___ + ___ = 8
___ + ___ = 9
___ + ___ = 13
___ + ___ = 14
___ + ___ = ___

10 *Partnerspiel*

- Zahlenkarten von 0 bis 12
- Vier Zahlenkarten wählen
- Alle sechs Aufgaben rechnen
- Ergebnisse der Größe nach in einen Sechser-Pack eintragen
- Dem Partner drei der vier Zahlenkarten zeigen, er soll die fehlende Zahlenkarte finden.

Sechser-Pack: Aus vier verschiedenen Zahlen sechs Aufgaben bilden. Aufgabe und Tauschaufgabe gelten als eine Aufgabe. **5** – **7** Wie heißt die fehlende Zahlenkarte? **8** – **9** Wie heißen die fehlenden Zahlenkarten?

1
8 + 1 = _____
8 + 2 = _____
8 + 3 = _____
8 + 4 = _____
_____

2
2 + 3 = _____
2 + 4 = _____
2 + 5 = _____
_____

3
6 + 5 = _____
6 + 6 = _____
_____
_____

4 *Regel*
1 2 3

Erste Zahl immer _____,
zweite Zahl immer _____,
Ergebnis immer _____.

5 Erfinde eigene Entdecker-Päckchen, die zu dieser Regel passen.

6
13 – 10 = _____
13 – 9 = _____
13 – 8 = _____
_____
_____

7
16 – 9 = _____
15 – 8 = _____
14 – 7 = _____
_____
_____

8
7 + 5 = _____
7 + 7 = _____
7 + 9 = _____
_____
_____

9
4 + 1 = _____
5 + 2 = _____
6 + 3 = _____
7 +
_____

Hier gibt es einiges zu entdecken.

10
4 – 1 = _____
5 – 2 = _____
6 – 3 = _____
7 –
_____

11 Entdecker-Päckchen? Kreuze an.

☐
1 + 3 = _____
3 + 4 = _____
8 + 8 = _____
9 + 6 = _____
7 + 5 = _____

☐
3 + 9 = _____
4 + 7 = _____
5 + 5 = _____
6 + 3 = _____
7 + 1 = _____

☐
1 + 1 = _____
2 + 2 = _____
3 + 3 = _____
4 + 4 = _____
5 + 5 = _____

12 Erfinde eigene Entdecker-Päckchen.

Entdecker-Päckchen: Aufgabenfolgen fortsetzen. **1** – **3**, **6** – **10** Aufgabenfolgen fortsetzen.
4 Wortspeicher nutzen. Regel ergänzen. **11** Beurteilen, ob die Aufgabenfolgen Entdecker-Päckchen sind.

5 + 2 = 7

2 + 4 = 6

6

7

5   2   4

Hilfe!!!

13

1

3   4   5

5   3   4

4   5   3

2

8   2   5

9   2   5

12

2   5

Von Mauer zu Mauer wird unten der linke Stein
immer _____.
Der oberste Stein wird immer _____.

3

4   2   6

4   3   6

4   4   6

Von Mauer zu Mauer wird unten der Stein in der Mitte
immer _____.
Der oberste Stein wird immer _____.

4 Bei diesen Mauern kannst du knobeln.

20

5   13

17

5   2

20

1   3

Zahlenmauern: Benachbarte Zahlen addieren. Die Summe in der Mitte darüber notieren.

1 Lena kauft

- 🔴 Wie viel Euro zahlt Lena?
- 🟡 6 € + 9 € = _____
- 🟢 _____ € zahlt Lena.

2 Göran kauft

- 🔴 Wie viel Euro zahlt Göran?
- 🟡 _____
- 🟢 _____ zahlt Göran.

3 Sascha kauft

- 🔴 Wie viel Euro zahlt Sascha?
- 🟡 _____
- 🟢 _____ zahlt Sascha.

4 Ich kaufe

- 🔴 Wie viel Euro zahle ich?
- 🟡 _____
- 🟢 _____ zahle ich.

122

1 – **3** Lösung und Antwort aufschreiben. **4** Eigene Aufgabe erfinden.

1

Jan

Jan hat ___5 €___. Er zahlt ___2 €___.

🔴 Wie viel Euro hat Jan noch?

🟡 ___5 € – 2 € = _____

🟢 _____ hat Jan noch.

2

Laura

Laura hat _____. Sie zahlt _____.

🔴 Wie viel Euro hat Laura noch?

🟡 _____

🟢 _____ hat Laura noch.

3

Max

Max hat _____. Er zahlt _____.

🔴 Wie viel Euro hat Max noch?

🟡 _____

🟢 _____ hat Max noch.

4

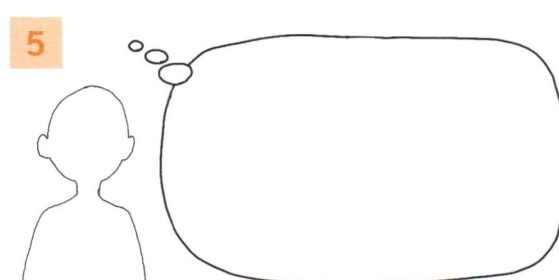

Juna

Juna hat _____. Sie zahlt _____.

🔴 Wie viel Euro hat Juna noch?

🟡 _____

🟢 _____ hat Juna noch.

5

Ich habe _____. Ich zahle _____.

🔴 Wie viel Euro habe ich noch?

🟡 _____

🟢 _____ habe ich noch.

1 – 4 Lösung und Antwort aufschreiben. 5 Eigene Aufgabe erfinden.

2 + 3 = 5

3 + 5 = 8

8

5
3
2

5
3
2

8
5
3
2

1

5	3	4	2	3
2	4	3	10	11

2

10	7	13	14	9
7	5	10	12	4

3

6	8	10	11	10
5	1	4	2	8

4

20	15	13	16	13
15	9	7	8	13

Rechentürme: Zwei übereinander stehende Zahlen addieren, das Ergebnis darüber schreiben.

1

2	3	4	5	6
4	5	6	7	8

Von Turm zu Turm oben immer _____ mehr.

2

6	5	4	3	
4	5	6	7	

Von Turm zu Turm oben immer _____ weniger.

3

8	9	10	11	
6	5	4	3	

Von Turm zu Turm oben immer _____ .

4

	15	11	10	
8	5			7
4		2	0	

Oben immer _____ .

5

10	10	10	10	10	10

5 Oben immer 10. Es gibt sechs Türme.
Nach dieser Seite empfiehlt sich Diagnosetest D21 .

1 〔10〕〔11〕〔12〕〔 〕〔 〕 〔15〕〔16〕〔 〕〔 〕〔 〕

2 〔 〕〔 〕〔 〕〔19〕〔20〕 〔 〕〔 〕〔 〕〔11〕〔12〕

3

V	Zahl	N
4	5	6
	10	
	15	

V	Zahl	N
	3	
	13	
	19	

V	Zahl	N
	16	
	17	
	18	

V	Zahl	N
	1	
	11	
	21	

4
⊂18⊃ 13
4 20

16 < ____

5
12 17
8 20

15 > ____

6
7 ● 17
14 ● 14
11 ● 8
16 ● 19

7
13 − 5 = ____
14 − 5 = ____
15 − 5 = ____
_____
_____

8
17 − 8 = ____
18 − 8 = ____
_____
_____
_____

9
11 − 9 = ____
12 − 9 = ____
_____
_____
_____

10 *Regel* 〔7〕〔8〕〔9〕

Erste Zahl immer _____, zweite Zahl immer _____,
Ergebnis immer _____.

11
____ + ____ = 7
____ + ____ = 9
____ + ____ = 12
____ + ____ = 14
____ + ____ = 17
____ + ____ = 19
〔5〕 〔2〕 〔7〕 〔12〕

12
____ + ____ = ____
____ + ____ = 12
____ + ____ = ____
____ + ____ = ____
____ + ____ = 17
____ + ____ = ____
〔8〕 〔4〕 〔11〕 〔6〕

13
____ + ____ = 5
____ + ____ = 8
____ + ____ = 11
____ + ____ = 15
____ + ____ = 18
____ + ____ = 21
〔1〕 〔14〕 〔7〕

1 – **2** Fehlende Zahlen eintragen. Gerade Zahlen grün, ungerade orange färben. **4** – **5** Passende Zahlen einkreisen, nicht passende durchstreichen. **6** Zeichen (<, >, =) einsetzen. **7** – **9** Fehlende Aufgaben eintragen und rechnen.

Jede Aufgabe ist anders.

1 Paul ist 4 Jahre alt.
Tom ist doppelt so alt.
Max ist so alt wie beide zusammen.
Wie alt ist Max?

○ 8 Jahre   ○ 10 Jahre

○ 12 Jahre   ○ 16 Jahre

2 Wie viele Würfel sind es?

○ 6 Würfel   ○ 7 Würfel

○ 9 Würfel   ○ 10 Würfel

3 Was kannst du mit 3 Scheinen oder Münzen legen?

○ 7 €   ○ 8 €

○ 9 €   ○ 10 €

4 Welches Stück passt?

○   ○

○   ○

5

Immer _____

○ 4   ○ 7

○ 10   ○ 16

Passendes ankreuzen. Manchmal sind mehrere Antworten richtig.

Zeit

Jahreszeiten und Monate

Lied

Januar, Februar, März, April,
die Jahresuhr steht niemals still.
Mai, Juni, Juli, August
wecken in uns allen die Lebenslust.
September, Oktober, November,
Dezember, Oktober, November,
Dezember – und dann fängt das Ganze
schon wieder von vorne an.

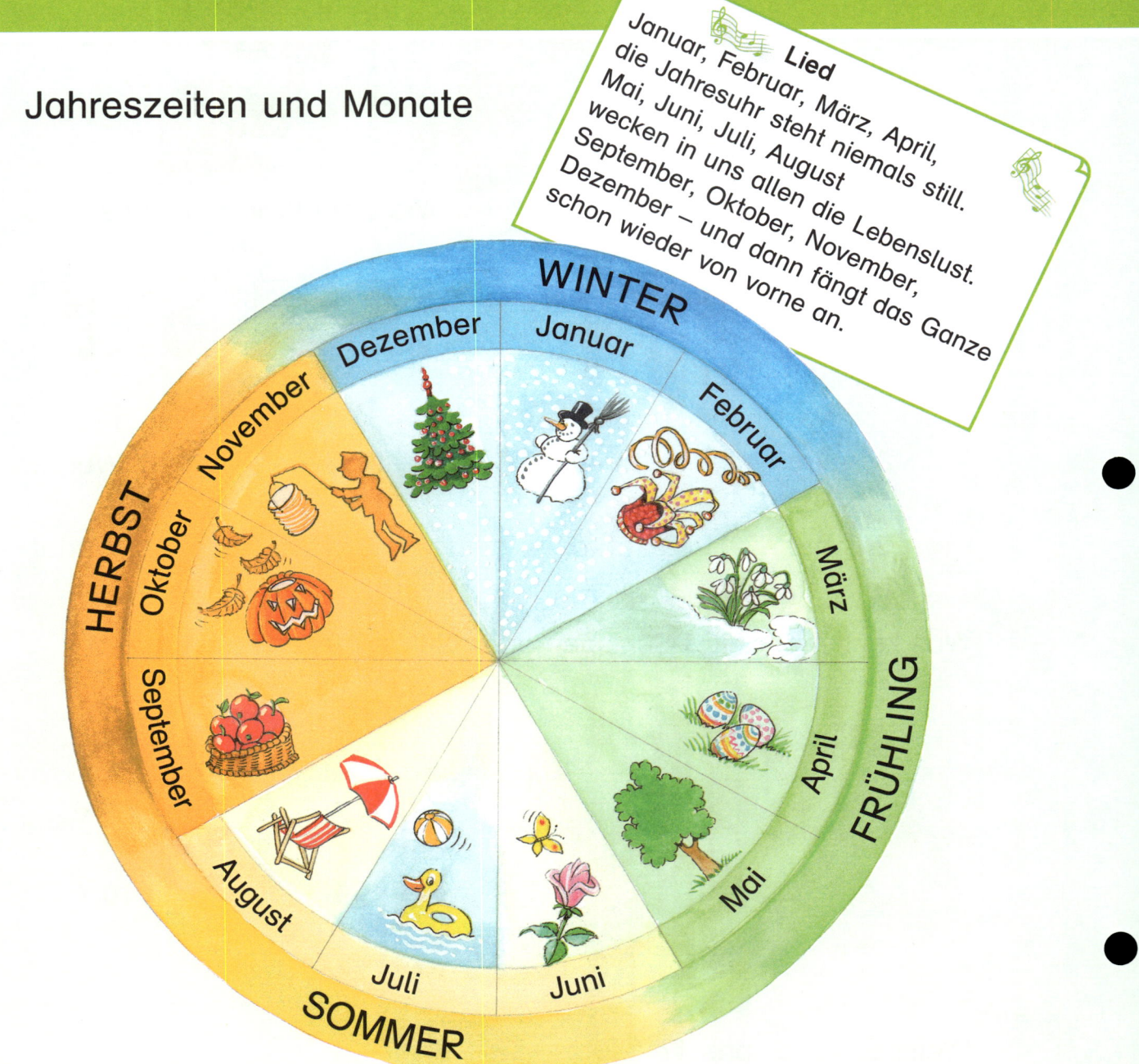

1 Wie viele Monate hat das Jahr?

_____

2 Wie heißt der erste Monat im Jahr?

_____

3 Wie heißt der letzte Monat im Jahr?

_____

4 Welcher Monat kommt nach Mai?

_____

5 Schreibe zu jeder Jahreszeit einen Monat auf.

Frühling: _____   Sommer: _____

Herbst: _____   Winter: _____

1 Suche Montag, den 4. Juni im Kalender.
Male diesen Tag blau an.

vorgestern		___ Juni
gestern		___ Juni
heute	Mo	4. Juni
morgen		___ Juni
übermorgen		___ Juni

2 Zahlines Termine im Juni

Bastelkurs: Montag, 25. Juni

Schulfest: _____

Kino mit Zahlix: _____

Zahnarzt: _____

3 Kirsten hat ___ Tage **nach** Heidi Geburtstag.

Jörg hat ___ Tage **nach** Kirsten Geburtstag.

Heidi hat ___ Tage **vor** Jörg Geburtstag.

4 Wie lange dauert es?

Besuch Oma: ___ Tage

Klassenfahrt: ___ Tage

Schulfest: ___ Stunden

5 Wie lange dauert der Sommer?

___ Tage dauert der Sommer.

5 Forscheraufgabe: Die Kinder besorgen sich die benötigten Informationen selbst.

Juni 2018

Fr	1. Juni:	
Sa	2. Juni:	Geb. Heidi
So	3. Juni:	
Mo	4. Juni:	
Di	5. Juni:	Zahnarzt 16 Uhr
Mi	6. Juni:	
Do	7. Juni:	
Fr	8. Juni:	Besuch Oma
Sa	9. Juni:	Besuch Oma
So	10. Juni:	Besuch Oma
Mo	11. Juni:	
Di	12. Juni:	
Mi	13. Juni:	Geb. Kirsten
Do	14. Juni:	Klassenfahrt
Fr	15. Juni:	Klassenfahrt
Sa	16. Juni:	
So	17. Juni:	
Mo	18. Juni:	Kino mit Zahlix
Di	19. Juni:	
Mi	20. Juni:	
Do	21. Juni:	Sommeranfang
Fr	22. Juni:	
Sa	23. Juni:	Geb. Jörg
So	24. Juni:	
Mo	25. Juni:	Bastelkurs 15–17 Uhr
Di	26. Juni:	
Mi	27. Juni:	Schulfest 14–18 Uhr
Do	28. Juni:	
Fr	29. Juni:	
Sa	30. Juni:	

Nacht

Morgen

Vormittag

1

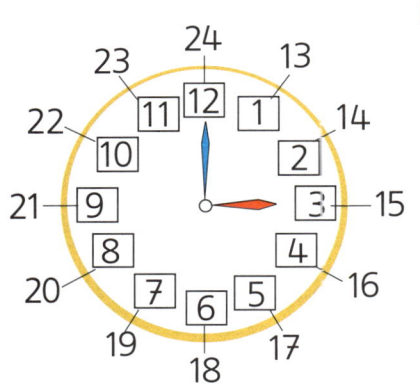

2

5 Uhr   7 Uhr   8 Uhr

Ein Tag hat 24 Stunden.

3

10 Uhr   11 Uhr   12 Uhr

1 – **3** Zeiger eintragen.

Nachmittag

Abend

Nacht

1  13:00

18:00

 23:00

2
14 Uhr 16 Uhr 17 Uhr 20 Uhr

__2__ Uhr _____ Uhr _____ Uhr _____ Uhr

3
__15__ Uhr _____ Uhr _____ Uhr _____ Uhr

__3__ Uhr _____ Uhr _____ Uhr _____ Uhr

1 Zeiger eintragen. Mittleres Bild ergänzen.   **2** – **3** Zeiger und Uhrzeit eintragen.
Nach dieser Seite empfiehlt sich Diagnosetest D22.

1 Der Marienkäfer hat _____ Beine.

Er hat _____ Fühler.

Dieser Marienkäfer hat _____ Punkte.

Er heißt 7-Punkt.

2 Wie heißen die Marienkäfer?

_____-Punkt

_____-Punkt

_____-Punkt

_____-Punkt

3 Welche Marienkäfer gibt es nicht? Streiche durch.

4 Male die Punkte der Marienkäfer.

| 2-Punkt | 4-Punkt | 7-Punkt | 10-Punkt |

5 Bastle einen Marienkäfer von Aufgabe 4.

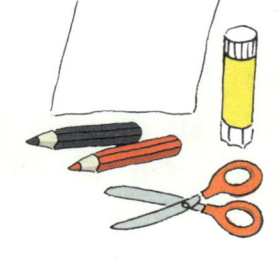
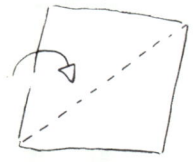
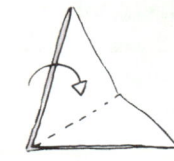

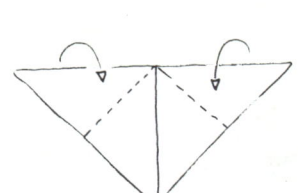
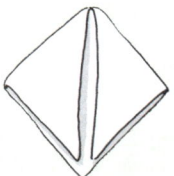
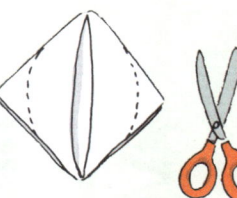
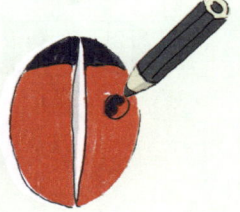

6 Welchen Marienkäfer haben die meisten Kinder gebastelt?
Trage die Anzahlen ein.

2-Punkt: _____ Kinder   4-Punkt: _____ Kinder
7-Punkt: _____ Kinder   10-Punkt: _____ Kinder

Die meisten Kinder haben den _____ -Punkt-Marienkäfer gebastelt.

7 Bastle ein Blatt für deinen Marienkäfer.

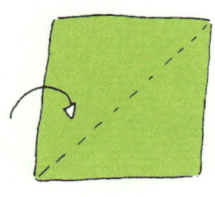

Der Marienkäfer lebt oft auf einer Wiese. Er wird elf Monate alt. Seine Lieblingsspeise sind Blattläuse. Zum Fliegen hat er zwei durchsichtige Flügel und zum Schutz zwei harte Flügel.

Bei Gefahr dreht er sich auf den Rücken und stellt sich tot. Dann stößt er einen gelben Saft aus, der stinkt. So vertreibt er seine Feinde.

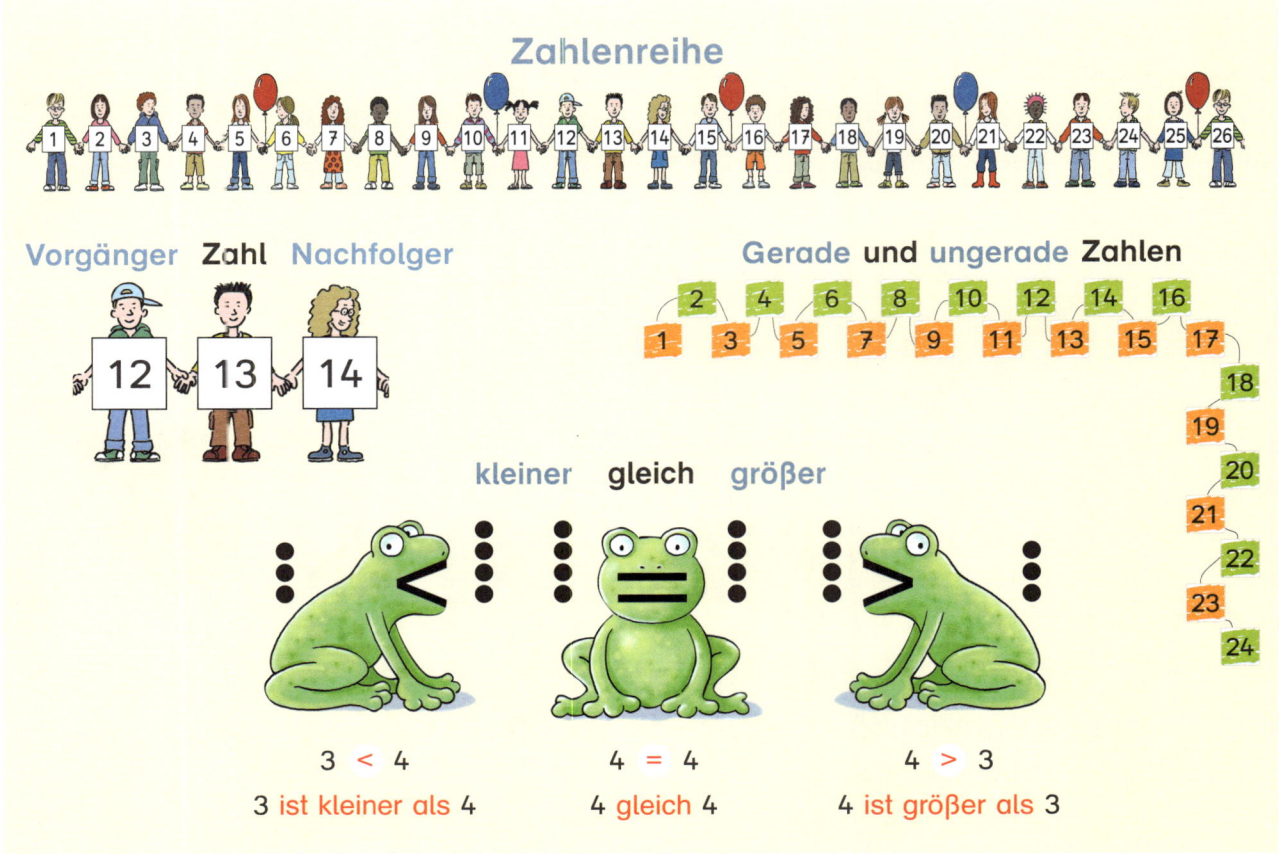

Wortspeicher und Bausteine des Wissens

Zahlenreihe

1 2 3 4 5 6 7 8 9 10 11 12 13 14 15 16 17 18 19 20 21 22 23 24 25 26

Vorgänger Zahl Nachfolger

12
13
14

Gerade und ungerade Zahlen

2 4 6 8 10 12 14 16
1 3 5 7 9 11 13 15 17
18 19 20 21 22 23 24

kleiner gleich größer

3 < 4	4 = 4	4 > 3
3 ist kleiner als 4	4 gleich 4	4 ist größer als 3

Addieren

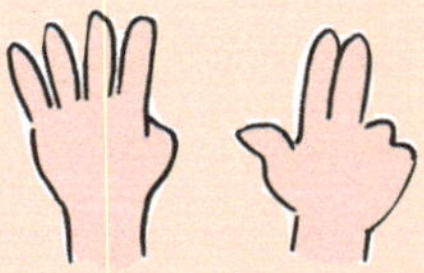

Wie viele sind es zusammen?

4	+	3	=	7
vier	plus	drei	gleich	sieben
1. Zahl		2. Zahl		Ergebnis

Plus-Aufgaben

4 + 3 = ___	Ergebnis gesucht
4 + ___ = 7	2. Zahl gesucht
___ + 3 = 7	1. Zahl gesucht

Aufgabe und Tauschaufgabe

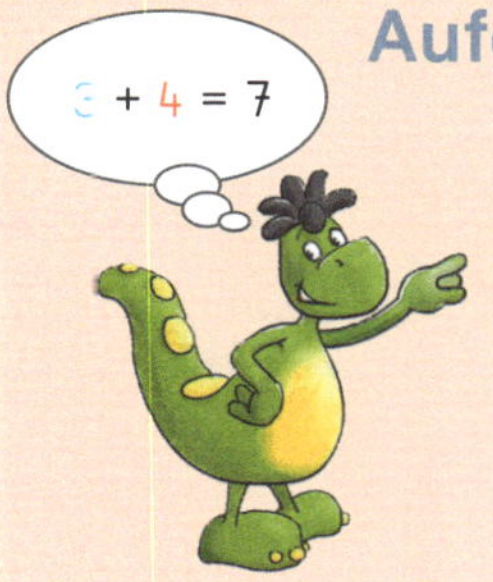

3 + 4 = 7

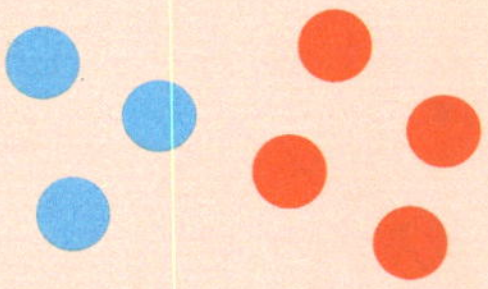

3 + 4 = ___

4 + 3 = ___

4 + 3 = 7

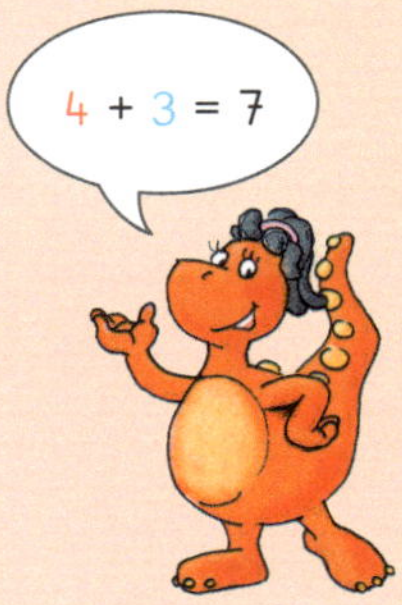

Verdoppeln und Halbieren

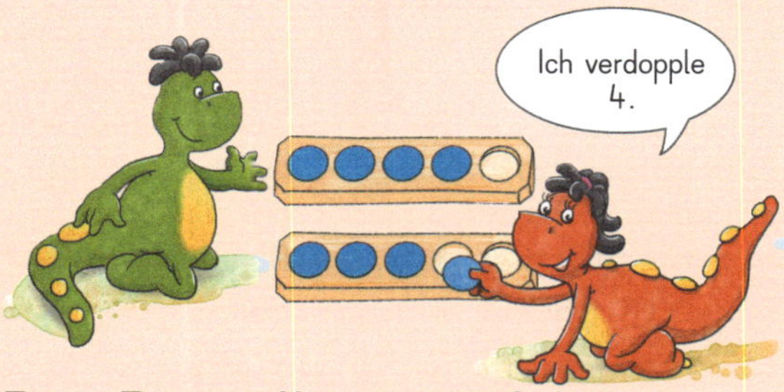

Ich verdopple 4.

Das Doppelte von 4 ist 8.

Wir halbieren 8.

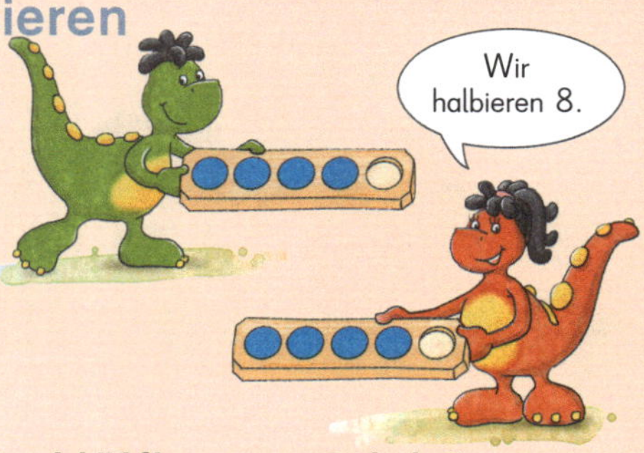

Die Hälfte von 8 ist 4.

Subtrahieren

vorher 5   nachher 2

Wie viele bleiben übrig?

5	–	3	=	2
fünf	minus	drei	gleich	zwei
1. Zahl		2. Zahl		Ergebnis

Minus-Aufgaben

7 – 3 = ___	Ergebnis gesucht
7 – ___ = 4	2. Zahl gesucht
___ – 3 = 4	1. Zahl gesucht

Aufgabe und Umkehraufgabe

Ich sehe eine Plus-Aufgabe.

Ich sehe eine Minus-Aufgabe.

$4 + 3 = 7$
$7 - 3 = 4$

Verwandte Aufgaben

Aufgabe und Tauschaufgabe, dazu die Umkehraufgaben.

$4 + 3 = 7$ $3 + 4 = 7$
$7 - 3 = 4$ $7 - 4 = 3$

Raumlage

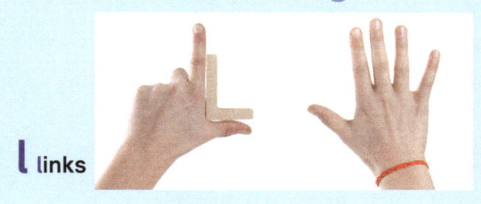

l links   **r** rechts

oben links	oben rechts
unten links	unten rechts

 ist auf

 ist hinter

 ist vor

 ist links von

 ist rechts von

 ist über

 ist unter

Formen und Körper

Kreis Dreiecke Vierecke Kugel Quader Würfel

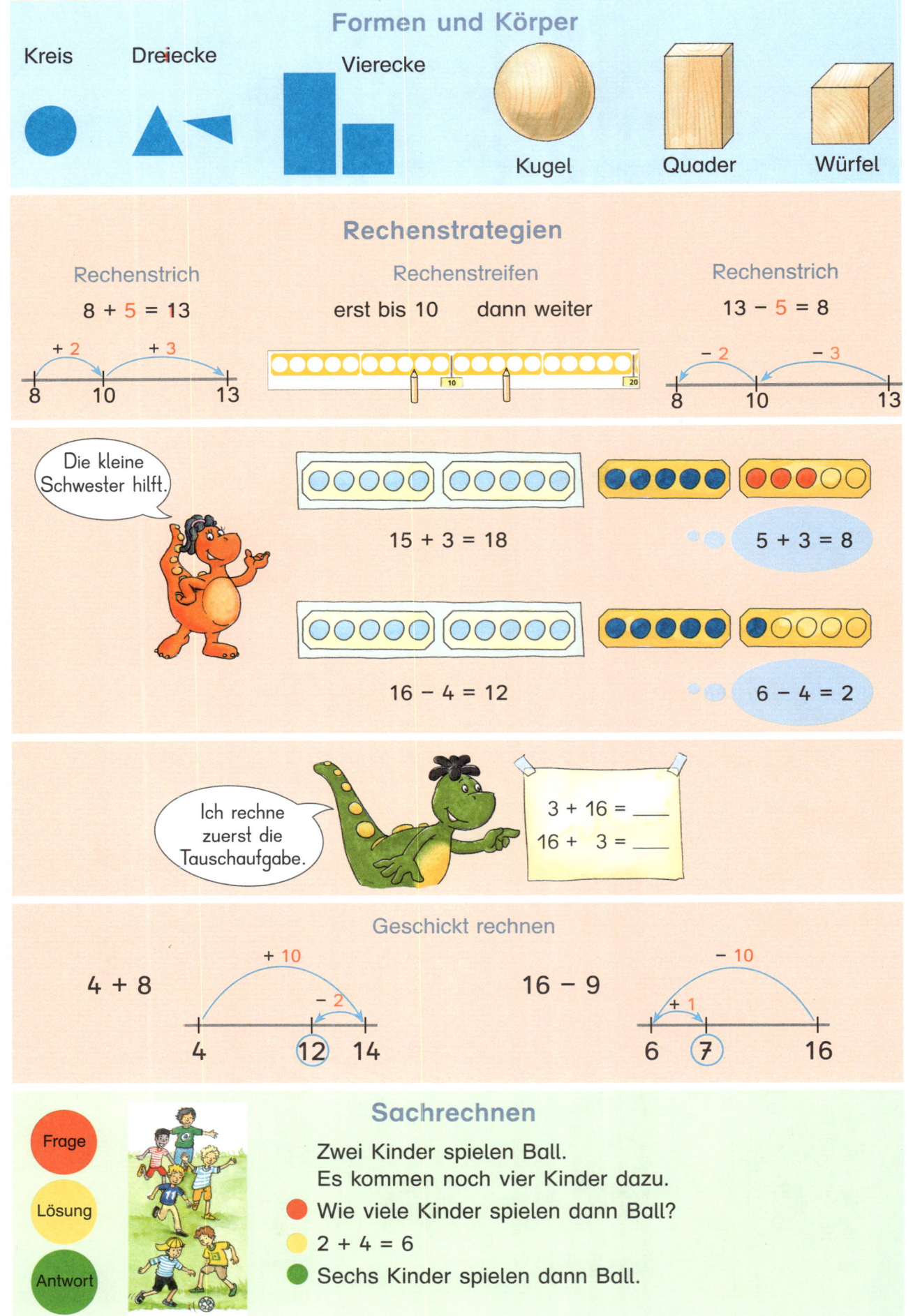

Rechenstrategien

Rechenstrich

$8 + 5 = 13$

+2 +3
8 10 13

Rechenstreifen

erst bis 10 dann weiter

10 20

Rechenstrich

$13 - 5 = 8$

− 2 − 3
8 10 13

Die kleine Schwester hilft.

$15 + 3 = 18$

$5 + 3 = 8$

$16 - 4 = 12$

$6 - 4 = 2$

Ich rechne zuerst die Tauschaufgabe.

$3 + 16 = \underline{\quad}$

$16 + 3 = \underline{\quad}$

Geschickt rechnen

$4 + 8$

+ 10
− 2
4 12 14

$16 - 9$

− 10
+ 1
6 7 16

Sachrechnen

Frage

Lösung

Antwort

Zwei Kinder spielen Ball.
Es kommen noch vier Kinder dazu.

🔴 Wie viele Kinder spielen dann Ball?

🟡 $2 + 4 = 6$

🟢 Sechs Kinder spielen dann Ball.